Theologie für die Praxis

Theologie für die Praxis

Herausgegeben von Jörg Barthel, Holger Eschmann, Christoph Schluep und Christof Voigt im Auftrag der Theologischen Hochschule Reutlingen (staatlich anerkannte Hochschule der Evangelisch-methodistischen Kirche)

Theologische Hochschule
Reutlingen

Theologie für die Praxis
48. Jahrgang (2022)

Gottesdienst verändert – Transforming Worship

Im Auftrag der Theologischen Hochschule Reutlingen
herausgegeben von Jörg Barthel, Holger Eschmann,
Christoph Schluep und Christof Voigt

EVANGELISCHE VERLAGSANSTALT
Leipzig

Schriftleitung: Prof. Christof Voigt, Theologische Hochschule Reutlingen, Friedrich-Ebert-Straße 31, 72762 Reutlingen, Email: schriftleitung@th-reutlingen.de

Bibliographische Information der Deutschen Nationalbibliothek
Die Deutsche Nationalbibliothek verzeichnet diese Publikation in der Deutschen Nationalbibliographie; detaillierte bibliographische Daten sind im Internet über http://dnb.dnb.de abrufbar.

Printed in Germany

Das Buch wurde auf alterungsbeständigem Papier gedruckt.

Cover: Zacharias Bähring, Leipzig
Satz: Michael Roth, Reutlingen
Druck und Binden: Beltz Grafische Betriebe GmbH, Bad Langensalza

ISBN Print 978-3-374-07502-7 // eISBN (PDF) 978-3-374-07503-4
www.eva-leipzig.de

Vorwort

Das vorliegende Jahrbuch von Theologie für die Praxis versammelt – nicht nur, aber hauptsächlich – die wichtigsten Beiträge des EmK-Kongresses »Gottesdienst verändert – Transforming Worship«, der vom 13.–16. Oktober 2022 in Stuttgart stattgefunden hat. Dazu fügen sich inhaltlich passend ein Aufsatz von Stefan Herb über die Rolle des Pastors als Kundschafter sowie ein erstes und ein letztes Wort: Die Antrittsvorlesung von Lothar Elsner und die Abschiedsvorlesung von Ulrike Schuler an der Theologischen Hochschule Reutlingen.

Tanja Martin untersucht in ihrem Beitrag, warum besondere Gottesdienste eine so hohe Anziehungskraft auch auf kirchlich eher fernstehende Menschen haben. Am Beispiel von drei ganz unterschiedlichen Gottesdienstformen (Talkgottesdienst, Motorradgottesdienst und liturgischer Morgengottesdienst) legt sie dar, wie heute im Umfeld dieser besonderen Gottesdienste neue Netzwerke und Gemeindestrukturen entstehen.

Stefan Weller geht dem Wesen der Dialogpredigt nach und arbeitet heraus, dass diese Predigtform nicht der didaktisch inszenierte Überzeugungsarbeit dienen soll, in der die eine Position oder Ansicht am Ende über die andere triumphiert, sondern als durchaus spannungsvolles In- und Miteinander zweier Meinungen zu verstehen ist, die auch dann im Gespräch bleiben, wenn sie sich nicht restlos zu finden vermögen.

Erika Stalcup fragt in einer Zeit, in der die Themen »Sterben« und »Tod« in der Gesellschaft weitgehend tabuisiert werden, wie wir in der Seelsorge und in gottesdienstlichen Liturgien eine gesündere Einstellung zu diesen Themen fördern können. Dabei plädiert sie vor allem für Ehrlichkeit im Umgang miteinander und dafür, den Tod und die Vorbereitung auf das Sterben stärker in das Leben zu integrieren.

Clive Marsh untersucht, inwieweit sich die Kirchen auf bestimmte Ausdrucksformen der Popkultur einlassen sollen. Er fragt nach dem Platz zeitgenössischer Formen bestimmter Weltanschauungen in der christlichen Liturgie und Theologie und dem Potenzial moderner Technik zur Förderung oder Behinderung des Gottesdienstes. Seine These lautet: Popkultur ist wichtig für die Anbetung Gottes, aber sie kann auch sehr störend sein.

T. W. Burton Edwards schliesslich geht von der Feststellung aus, dass alles, was Menschen tun und wahrnehmen, von Körper und Gehirn vermittelt und als »echt« erlebt wird – auch die Anbetung. In seinem Beitrag untersucht er die Rolle neurowissenschaftlicher Erkenntnisse für der Vorbereitung des Gottesdienstes, indem er Phänomenen wie Ehrfurcht, Überzeugung und Gewohnheit auf die Spur geht und sie nach ihren Nutzen für den Gottesdienst befragt

Ausserhalb der Kongressbeiträge nimmt *Stefan Herb* das Gespräch mit Matthias Kapp aus ThfPr 42/2016 auf. Kapp hatte dort das Amt des guten Hirten als bleibendes Leitbild des pastoralen Berufs bestimmt. Ohne dem zu widersprechen, setzt Herb im Anschluss an die Kundschaftergeschichte in Numeri 13f. einen anderen Akzent: Wir brauchen nicht nur gute Hirten, sondern auch Kundschafter:innen des Reiches Gottes, die Menschen zu Neuem locken und auf Gottes Zukunft vorbereiten.

Ulrike Schuler stellt ihre Abschiedsvorlesung unter den Titel »Staying connected: ein methodistisches Lebens- und Kirchenmodell«. Konnektivität ist ein typisch methodistisches Modell der Diskussion, Urteilsfindung und Kirchenpolitik. Noch wichtiger aber ist es, die methodistische Identität insgesamt als konnexionales Verhältnis zu verstehen, und zwar sowohl als persönliche Verbindung zu Gott wie auch als interpersonale Verbindung unter Menschen einer Gemeinde oder Kirche.

Lothar Elsner provoziert in seiner Antrittsvorlesung mit der Frage, ob Soziale Arbeit allein nicht ausreiche und ob es denn wirklich auch noch Diakonie brauche. Eine säkulare Gesellschaft wie die unsere scheint weder die kirchliche Vorgeschichte noch die spirituelle Motivation zu sozialem Handeln zu benötigen. Entsteht daraus nun ein Tauziehen um die Deutungs- und Handlungshoheit, und hat die Diakonie dabei schlechtere Karten als die professionalisierte Soziale Arbeit? Elsner versucht zu zeigen, dass die Verhältnisbestimmung wesentlich differenzierter ausfallen muss.

Rezensionen von Christoph Schluep zu drei neutestamentlichen Kommentaren beschließen die Ausgabe.

Reutlingen, im Juli 2023

Jörg Barthel
Holger Eschmann
Christoph Schluep
Christof Voigt

Inhalt

Rezensionen

Gottesdienst – Kristallisationspunkt der Gemeinde?

Wie die soziale Kraft des Gottesdienstes bewahrt werden kann[1]

Tanja Martin

Wie kann die soziale Kraft des Gottesdienstes bewahrt werden? Zum Einstieg in das Thema möchte ich gerne dort ansetzen, wo aus meiner Sicht die besten Antworten auf diese Frage zu finden sind, nämlich bei den eigentlichen Experten, den Gottesdienstteilnehmer/innen; hierzu eine kurze Fallgeschichte:

> »Jörn bezeichnet sich selbst als Atheist und ist mit achtzehn aus der Kirche ausgetreten. Auch heute, nach über dreißig Jahren, ist das mit dem Glauben nichts für ihn und Gottesdienste besucht er nach eigenen Angaben nie. Vor 30 Jahren hat er zufällig bei einer Motorradtour den Bikerpfarrer kennengelernt, als die Motorräder vor der Kirche ihn neugierig gemacht hatten. Dieser lud ihn zu einer gemeinsamen Ausfahrt ein und seitdem ist er immer dabei, beim jährlichen Anlassen, dem Motorradfahrer/innengottesdienst zum Auftakt der Saison im Frühjahr und bei der Gedenkfahrt für die verstorbenen Motorradfahrer/innen im Herbst, ob mit dem Bike oder dem Auto, bei Wind und Wetter. Er meint, es sei auf keinen Fall der Gottesdienst, der ihn dort hintreibt, dennoch finde er die Veranstaltung gut, genau so wie sie ist. Daher hat er auch schon Freunde mitgenommen, die ebenfalls kirchenfern seien und auch ihnen habe es gefallen. Nach seinen Worten ›kann ja jeder für sich entscheiden. Also gehe ich da zum Beispiel in die Kirche rein, um richtig dicht dran zu sein. Oder hält er sich draußen in der Nähe auf. Oder bleibt er einfach nur bei den geparkten Motorrädern und unterhält sich da mit Leuten. (...) Und es wird nichts, nichts aufgedrungen, (...) da

---

[1] Der Artikel basiert weitgehend unverändert auf dem Skript des gleichnamigen Vortrages, der im Rahmen des International Worship Forums der EmK am 15. Oktober 2022 in Stuttgart gehalten wurde.

kann jeder gucken, doch, wie er damit klar kommt. Und wie viel er auch annehmen will. (...) Nur, weil ich selber nicht glaube, sage ich nicht: es gibt alles andere nicht. Also wenn es da etwas gibt, das ist durchaus möglich. Das schließe ich für mich nicht aus. Nur ich glaube nicht dran. Und, ja, vielleicht werde ich irgendwann mal sehen: ist da was oder auch nicht. Gut. Aber ich sage mal es hat nicht geschadet, dass ich bisher mit dabei bin.‹ Für Jörn ist der gemeinsame Start in die Saison wichtig, und das Gefühl, unter Gleichgesinnten zu sein, mag er sehr. Er hält es aber auch für unverzichtbar, dass im Gottesdienst auf die Gefahren beim Motorradfahren hingewiesen wird und dass am Ende der Saison alle zum Gedenken an die Verstorbenen zusammenkommen und dass ihre Namen verlesen werden. Für ihn ist das ein Moment des Innehaltens und der Dankbarkeit, dass er gesund durch die Saison gekommen ist. Er resümiert: ›so unterschiedlich wie wir auch alle sind, ob Raser, ob Nicht-Raser, ob berufstätig, ob nicht berufstätig, ob jung, ob alt. Ist aber trotzdem eine Gemeinschaft.‹«[2]

Gemeindebilder und Gottesdienst(-besuch) – ein spannungsvolles Verhältnis im Spiegel der Zeit

Wie kann eine solche Gemeinschaft, wie sie von Jörn beschrieben wurde, im Horizont von »Gemeinde« eigentlich gedeutet werden und welche Rolle genau spielt der Gottesdienst dabei? Als ich die Ergebnisse meiner Studie zum Gottesdienst bei einer Konsultation der EKD präsentiert habe, meinte eine Kollegin über den Motorradgottesdienst sinngemäß, dass die Leute doch nur wegen des Events und der Bratwurst kämen und nicht wirklich Interesse an einem Gottesdienst hätten. Geht man der Ursache für solche oder vergleichbar wertenden Einschätzungen auf den Grund, so stellt man schnell fest, dass sie meist in einem traditionell-normativen Gemeindebild gründen, das sich durch eine verbindliche und intensive Gruppenbindung hochaktiver und kirchenmilieuspezifischer Gemeindeglieder auszeichnet. Doch diese Form von hoch-verbindlicher Gemeinschaft nimmt zunehmend ab,[3] wohingegen der Zeitgeist in der Postmoderne sich durch eine unverbindliche, punktuell-selektive

---

2 Tanja Martin, Die Sozialität des Gottesdienstes. Zur sozialen Kraft besonderer Gottesdienste, Stuttgart 2019, 13.

3 Vgl. Kristian Fechtner, Kommentar: Teilhabe ermöglichen – in Reichweite bleiben, in: Heinrich Bedford-Strohm (Hg.), Vernetzte Vielfalt: Kirche angesichts von Indi-

»Vergesellung« auszeichnet.[4] Der Soziologe Manfred Prisching beschreibt das Phänomen wie folgt:

> »Keiner will sich binden, verpflichten, in eine Kontinuität hineinmanövrieren; jeder will unabhängig und spontan sein können. Aber die Luft ist dünn bei einer solchen Lebensweise und auf dem Gipfel der Entscheidungsfreiheit ist man so allein wie die reisenden Manager in den Bars der Luxushotels, die ihre Verlorenheit mit teurem Whiskey wegspülen. In dieser unbehaglichen Situation sucht das freigesetzte Individuum nach Einbettungen. Es will dazugehören. Es will geborgen sein. Es braucht Verlässlichkeit.«[5]

Diese Beschreibung rührt an einem empfindlichen Nerv, gerade auch kirchlichen Lebens, in dem die verbindliche, regelmäßige Teilnahme an Veranstaltungen abgenommen hat.[6] Von ähnlichen Erfahrungen berichten u.a. auch Vereine, Chöre, Parteien. Dagegen stoßen projekthafte, punktuelle und anlassbezogene Angebote häufig auf stärkere Resonanz, wie wir es z.T. auch bei besonderen Gottesdiensten erleben. Unter denen werden in meiner Forschungsarbeit »all jene Gottesdienste verstanden, die hinsichtlich ihrer Gestaltung spezifische Bedürfnisse von Personen(-gruppen) berücksichtigen, ggf. thematische Schwerpunkte setzen und nicht zu den regulären Sonntagmorgen- oder Kasualgottesdiensten einer Parochialgemeinde gezählt werden. Sie können innerhalb und außerhalb einer Ortsgemeinde oder eines Kirchengebäudes und zu unterschiedlichen Zeiten gefeiert werden«.[7]

---

vidualisierung und Säkularisierung; die fünfte EKD-Erhebung über Kirchenmitgliedschaft. Gütersloh 2015, 112–118, 114.

4 Vgl. z.B. Michael Nüchtern, Kirche bei Gelegenheit. Kasualien – Akademiearbeit – Erwachsenenbildung, Stuttgart 1991.

5 Manfred Prisching, Paradoxien der Vergemeinschaftung, in: Roland Hitzler, Anne Honer und Michaela Pfadenhauer, Posttraditionale Gemeinschaften [Elektronische Ressource]: Theoretische und ethnografische Erkundungen. Wiesbaden, 35–54, 39.

6 Vgl. hierzu die fünfte Kirchenmitgliedschaftsuntersuchung in ihrer Gesamtschau, insbesondere Christian Stegbauer, Franz Grubauer, Birgit Weyel, Gemeinde in netzwerkanalytischer Perspektive. Drei Beispielauswertungen, in: Heinrich Bedford-Strohm (Hg.), Vernetzte Vielfalt: Kirche angesichts von Individualisierung und Säkularisierung; die fünfte EKD-Erhebung über Kirchenmitgliedschaft. Gütersloh 2015, 400–434, 433.

7 Tanja Martin, a.a.O., 20: »Diese Definition erfolgt in Anlehnung an Ziffer IV. 13 Besondere Gottesdienste der Lebensordnung der EKHN, gültig vom 01.09.2000 bis zum 31.07.2013. Die aktuelle Lebensordnung der EKHN hat im Abschnitt 2.2

Auf den Spuren der sozialen Kraft des Gottesdienstes im Feld besonderer Gottesdienste

Wenn wir den Gottesdienst als Kristallisationspunkt der Gemeinde in den Blick nehmen, führt uns dies zu der Frage, was Menschen dazu bringt, sich zu einem Gottesdienst zu versammeln und was sich dort eigentlich gemeindlich abspielt. Dabei rückt die soziale Dimension von Gottesdiensten in den Fokus, d.h. seine Sozialität, unter der hier »die soziale Kraft verstanden wird, die im Kontext des gemeinschaftlichen gottesdienstlichen Handelns sozial wirksam ist und sich anhand ihrer Wirkungsindizien wahrnehmen lässt.«[8] Die *soziale Kraft*, oder mit Kristian Fechtner, die »Vergesellungskraft«, kann, sehr vereinfacht gesprochen, als Bindemittel zwischen z. B. Individuen, Gruppierungen und Institutionen verstanden werden, d.h. durch sie kommt es zur Ausbildung wie auch immer gearteter sozialer Beziehungen, die wiederrum Anknüpfungspunkte für eine gemeindetheoretische Deutung bieten.[9] Damit eine solche sich nicht deduktiv von tradierten Gemeindebildern ableitet, sondern auch neue Aspekte von »Gemeindlichkeit« in den Blick kommen, wird für sinnvoll erachtet, im Praxisfeld Gottesdienste der Frage nachzugehen, in welchem Sinn besondere Gottesdienste als Kristallisationspunkte einer Gemeinde (auf Zeit) verstanden werden können.[10] Darum wurde ein ethnographischer Forschungsansatz gewählt. Dieser hatte zum Ziel, im Praxisfeld besonderer Gottesdienste mittels teilnehmender Beobachtungen, Fragebögen, Einzelinterviews, Gruppendiskussionen und Materialanalysen den Quellen sozialer Kraft von besonderen Gottesdiensten und der mit diesen verbunden Sozialformen auf den Grund zu gehen. Dabei ging es nicht um statistische Repräsentativität, die an dieser Stelle keine neuen Erkenntnisse gebracht hätte, sondern um qualitative Repräsentation; auch wenn die Rückläuferquoten der Fragebögen mit 66 bis 98 % eine gewisse quantitative Aussagekraft haben

über die Strukturen und Formen von Gottesdiensten auf die Verwendung des Begriffs besondere Gottesdienste verzichtet. Vgl. http://www.kirchenrecht-ekhn.de/document/18785/search/besondere Gottes-dienste - s10000138 [online: 13.12.2016].«

8 A. a. O., 72.

9 Vgl. a. a. O., 72.

10 Vgl. Tanja Martin, a. a. O., 24.

dürften.[11] Primäres Ziel der Forschung war es, neue Spuren und Aspekte von Gemeindlichkeit zu entdecken, freizulegen und zu deuten.[12]

Hierfür wurden drei besondere Gottesdienste ausgewählt, die sich durch einen maximalen Kontrast hinsichtlich ihrer zeitlichen Struktur, ihrer Zielgruppe und ihres Teilnehmer/innenkreises, ihres sozialen und institutionellen Kontextes und ihres liturgischen Profils und gottesdienstlichen Rahmenprogramms auszeichneten. Es handelt sich um Feld A: die »Nachtschicht« im Großraum Stuttgart, ein Talkgottesdienst, in dessen Zentrum ein Interview mit einer meist prominenten Person steht und der im Zeitraum der Untersuchung 4–6x jährlich sonntagabends in den Wintermonaten angeboten wurde und an dem pro Gottesdienst zwischen 300–800 Personen teilnahmen. Bei Feld B handelt es sich um das bereits in der Fallgeschichte zu Beginn genannte »Anlassen« in Niedergründau, ein jährlich angebotener Segensgottesdienst zum Auftakt der Motorradsaison, an dem i.d.R. mehrere Tausend Menschen teilnehmen. Als Feld C wurde ein hoch-liturgischer Frühgottesdienst mit Abendmahl ausgewählt, der jeden Mittwochmorgen in der Universitätskirche in Heidelberg stattfindet und von i.d.R. von 15–50 Personen besucht wird.[13]

Die Auswertung der Daten hat folgende Rückschlüsse hinsichtlich des sozialen Profils der Gottesdienste und ihrer Teilnehmer/innen erkennen lassen:[14]

1. Es kann ein regelmäßiges Partizipationsverhalten der Umfrageteilnehmenden festgestellt werden, was eine *hohe Bindungskraft* der besonderen Gottesdienste nahelegt. Dafür spricht auch, dass die Teilnahme selbsttätig und oft Monate im Voraus geplant wird.
2. Menschen mit ganz unterschiedlicher kirchlicher Sozialisation und Praxis werden von besonderen Gottesdiensten angesprochen. Das Anlassen zeichnet sich im Vergleich durch größte Heterogenität aus. Hier geben z. B. mehr als 1/3 der Befragten an, nur 1x im Jahr oder seltener andere Gottesdienste als das Anlassen zu besuchen. 17,53 % geben an, keine Kirchenmitglieder zu sein. Es liegt nahe, dass eine hohe verbindliche Teilnahme an besonderen Gottesdiensten nicht an

---

[11] Vgl. a. a. O., 47.

[12] Zu den methodologischen Überlegungen und zum methodischen Vorgehen siehe a. a. O., 25–68.

[13] Vgl. a. a. O., 35–38.

[14] Vgl. hierzu a. a. O., 322–328.

eine ebenso hohe sonstige kirchlichen Praxis oder Mitgliedschaft gebunden ist, sondern auf ein punktuell-selektives, differenziertes Teilhabeverhalten im Sinne einer selbstbestimmten, eigenverantwortlichen kirchlichen Praxis geschlossen werden kann. Zumindest der Befund in Feld B und die Fallgeschichte zu Beginn des Vortrags stehen in Spannung zur These, dass besondere Gottesdienste meist nur von Menschen besucht werden, die sich auch sonst durch eine hohe kirchliche Praxis auszeichnen.[15]

3. Die besagten Gottesdienste werden von einer Mehrheit der Umfrageteilnehmenden als Gemeinde empfunden. Interessant ist, dass es gerade im Feld B mit über 90 % zu einer sehr hohen Zustimmung dazu kommt und Gemeinde in einem offenen Antwortfeld überwiegend mit dem Begriff der »Gleichgesinnung« assoziiert wird. Im Feld C ist es eine traditionelle Vorstellung von Gemeinschaft, die sich durch hohe Verbindlichkeit und Nähe auszeichnet, und im Feld A wird dieses Thema eher indirekt im Zusammenhang mit den subjektiven Resonanzerfahrungen und Sinnzuschreibungen relevant.
4. Dieser Befund spiegelt sich in den unterschiedlichen Sozialgestalten dieser Gottesdienste wider: In Bezug auf den Motorradfahrer/innengottesdienst kann aus soziologischer Sicht von einer Szene gesprochen werden, die als Gesinnungsgemeinschaft wahrgenommen wird und sich durch eine hohe Wir-Identität auszeichnet. Sie wird mitunter auch als Familie beschrieben. Vor dem Hintergrund der Szene lässt sich auch der milieu- und generationenübergreifende Charakter dieses Gottesdienstes erklären. Die Nachtschicht zeichnet sich durch eine Kino-/Theatersituation aus, in der es zu einer vermittelten Vergesellung von – mit Birgit Weyel gesprochen – »Mit-Ichs«[16] kommt. Die Vergesellung geschieht dabei indirekt »über Bande« und wird so zum Resonanzraum für die subjektiven Resonanzerfahrungen der Anwesenden. »Es handelt sich um eine posttraditionale Vergesellungsform [....],[17] die die Grenzen eines traditionellen Gemeindebegriffes

[15] Vgl. hierzu Lutz Friedrichs, Praktisch-theologische Einleitung, in: Lutz Friedrich (Hg.), Alternative Gottesdienste, Hannover 2007, 9–32.

[16] Vgl. Birgit Weyel, Netzwerkanalyse – ein empirisches Paradigma zur Konzeptionalisierung von religiöser Sozialität? Überlegungen zur wechselseitigen Erhellung von empirischen Methoden und praktisch-theologischen Konzepten. In: Weyel, Birgit, Heimbrock, Hans-Günter & Gräb, Wilhelm (Hg.). Praktische Theologie und empirische Religionsforschung. Leipzig 2013, 157–169, 164.

[17] Vgl. Roland Hitzler, Anne Honer, Anne und Michaela Pfadenhauer, Zur Einlei-

aufzeigt, der vom Gedanken der Verbindlichkeit und Gemeinschaft der Beteiligten geprägt ist.«[18] Der Mittwochmorgengottesdienst ist dagegen eine gruppenhafte Kultgemeinschaft mit starker kollektiver Identität. Er wird mehrfach als geistliche Heimat bezeichnet.

Diese Einsichten zum sozialen und gemeindlichen Profil besonderer Gottesdienste verweisen bereits darauf, dass spätmoderne gottesdienstliche Praxis nicht an eine spezifische Sozialgestalt gebunden ist, sondern sich Vergesellung vielgestaltig ereignet.

Quellen sozialer Kraft besonderer Gottesdienste

Wenn wir eine Antwort auf die Frage suchen, wie wir die soziale Kraft des Gottesdienstes bewahren können, dann ist es ratsam, nach der Quelle dieser Kräfte zu fragen. Theologisch kann hier auf die Kraft des Heiligen Geistes verwiesen werden. Diese entzieht sich jedoch der empirischen Erhebung. Darum wird in der zu Grunde liegenden Studie auch von einem empirisch *informierten* Forschungsansatz gesprochen, womit den Grenzen eines empirischen Erkenntnisgewinnes in Zusammenhang mit theologischen Fragestellungen Rechnung getragen werden soll. Die Erforschung orientierte sich an jenen Wirkungsindizien, die im Kontext des gemeinschaftlichen gottesdienstlichen Handelns als sozial wirksam wahrnehmbar waren. Hierbei haben sich vier wesentliche Quellen der sozialen Kraft besonderer Gottesdienste herauskristallisiert. Diese stehen in einem Wechselverhältnis zueinander und werden von mir auch als Sozialitätsaspekte bezeichnet. Sie umfassen:[19]

1. Die soziale Kraft, die in den *Entstehungs-, Etablierungs- und Entwicklungsgeschichten* dieser Gottesdienste liegt. Faktoren, die z. B. zu einer Etablierung der Gottesdienste geführt haben, lassen Rückschlüsse auf ihre soziale Kraft zu. Außerdem ist ihre geschichtliche Entwicklung häufig auch Teil der Biographie einzelner Teil-

---

tung: »Ärgerliche« Gesellungsgebilde. In: Ronald Hitzler, Anne Honer und Michaela Pfadenhauer (Hg.). Posttraditionale Gemeinschaften [Elektronische Ressource]: Theoretische und ethnografische Erkundungen, Wiesbaden 2009, 9–31, 12.

[18] Tanja Martin, a. a. O., 327.

[19] Vgl. hierzu ausführlich a. a. O., 338–356.

nehmender und wichtig für deren Identifizierung mit dem jeweiligen Gottesdienst.

2. Ein zweiter Sozialitätsaspekt ist der Gottesdienst als *kollektives Phänomen*, d.h. die gemeinschaftliche Praxis sowie das gemeinsame Handeln. Hierbei sind besonders die spezifische Form der Inszenierung, die Interaktions- und Partizipationsformen, räumliche, sowie materiale und zeitliche Settings wichtig.
3. Es wurde deutlich, dass eine wesentliche soziale Kraft von den *Beziehungsnetzwerken* ausgeht, die im Kontext der Gottesdienste auf verschiedenen Ebenen ihre Wirksamkeit entfalten. Hierbei geht es um die Beziehung der Individuen zueinander (Mikroebene), einzelner Gruppierungen und Schlüsselpersonen im Gottesdienst zueinander (Mesoebene) und letztlich um Beziehungen zwischen dem Gottesdienst und, einfach formuliert, seiner »Außenwelt« (Metaebene).
4. Als letzte der vier Sozialitätsaspekte haben sich *die subjektiven Sinnzuschreibungen und die Resonanzerfahrungen* im Zusammenhang mit dem Gottesdienstbesuch ergeben.

Das Zusammenspiel der Vergesellungskräfte lässt sich besonders schön entlang des Datenmaterials pro Gottesdienst zeigen, das ich im Rahmen der Feldforschung gesammelt und in der Forschungsarbeit dargestellt habe. Heute möchte ich mich auf einige Erkenntnisse beschränken, die sich im Vergleich der vier Vergesellungskräfte der drei untersuchten Gottesdienste ergeben haben:

Zu 1. Die soziale Kraft der Geschichtlichkeit der besonderen Gottesdienste zeigt, dass das Doppelmoment von Kontinuität und Veränderung für die Nachhaltigkeit des jeweiligen Gottesdienstes und die Identifikation mit ihm wichtig ist. Veränderungen sind insbesondere für die Einbindung neuer Personen wichtig, gehen jedoch auch mit dem Risiko des Verlustes von Teilnehmenden einher. Wichtige Kontinuitätsmarker sind Schlüsselpersonen, aber auch Orte und geprägte Rituale.

Zu 2. Trotz der Wechselwirkung der vier Quellen sozialer Kraft besonderer Gottesdienste lässt sich aus meiner Sicht zeigen, dass eine nachhaltige Teilnahme und soziale Kraft maßgeblich von der kollektiven Dimension des Gottesdienstes ausgeht. Die »Besonderheit« des Gottesdienstes wird dabei häufig in Abgrenzung zum »normalen Sonntagsgottesdienst« beschrieben. Wesentliche Elemente dieser Kraft sind:

- Eine lebensweltliche Hermeneutik, durch die sich für die Teilnehmenden eine persönliche Relevanz erweist.
- Die Kombination aus traditionell religiösen und eventhaften Elementen ermöglicht einerseits Identifikation, andererseits beugt es der Gewöhnung vor. Theologisch gesprochen greift hier auch die Logik von Fest und Feier. Es gilt eine gute Balance zwischen traditionellen und eventhaften Elementen zu finden, um einer möglichen Steigerungslogik durch die eventhaften Elemente vorzubeugen.
- Die Authentizität und Doppelrollen der Schlüsselpersonen: konkret der motorradfahrende Seelsorger, der theologische Talkmaster, der lehrende geistliche Vater. Auch die bewusste Einbeziehung spezifischer Gaben, Interessen und Zusatzqualifikationen von Ehren- und Hauptamtlichen können als soziale Kraft genutzt werden.
- Ihr Sitz im Leben der Subjekte: zeitlich, räumlich, thematisch und ästhetisch. Hierzu gehört auch die Verknappung des Angebotes. Durch das Gefühl, etwas verpassen zu können, wird das Angebot interessanter, wie eine regelmäßige Besucherin so schön ausdrückt *»Es ist so ein bisschen wie Spargelzeit oder Erdbeerzeit. [...] Klar, man kann, man könnte da natürlich theoretisch immer Spargel essen. Oder auch immer irgendwie Erdbeeren. Aber dadurch, dass man weiß, jetzt Anfang des Jahres ist wieder Nachtschicht-Zeit, hat es was Besonderes. Und ich bin kein Freund von diesen Dingen, die immer verfügbar sind. [...] Und deswegen finde ich das eigentlich ganz gut, dass diese Nachtschicht-Gottesdienste, sagen wir mal fünf, maximal sechs Mal sind.« Rahel A3-I-42ff.*[20]
- Ihre Kasualität. So kann z. B. das Anlassen in Analogie zu den Gottesdiensten zum Jahreswechsel als »jahreszyklischer Kasualgottesdienst in lebensgeschichtlicher Perspektive« (Kristian Fechtner)[21] verstanden werden. Der Mittwochmorgengottesdienst wird stark mit der Lebensphase und dem Lebensgefühl der Studienzeit verbunden. Die Einmaligkeit, einen bestimmten »Promi« in der Nachtschicht hautnah erlebt zu haben, wird als besonderes Ereignis der eigenen Biographie erlebt.
- Ein selbstbestimmbares Nähe- und Distanzverhältnis. Dafür sind adäquate räumliche und liturgische Partizipationsformen wichtig, wie das Fallbeispiel Jörn gezeigt hat. Aber auch die Abdunklung eines

[20] Vgl. hierzu ausführlich a. a. O., 87.

[21] Vgl. Kristian Fechtner, Schwellenzeit: Erkundungen zur kulturellen und gottesdienstlichen Praxis des Jahreswechsels. Gütersloh 2001, 30–37.

Raumes, wie bei der Nachtschicht, ist ein Mittel, um Distanz zu ermöglichen. Distanz wird hierbei nicht als Ausdruck von Indifferenz, sondern von selbstbestimmter Partizipation wahrgenommen. Partizipation erfolgt in ganz unterschiedlicher Art und Weise, von der hohen aktiven, über die passiv-distanzierte bis hin zu einer Teilhabe aus der Distanz (digital) oder durch eine stellvertretene Teilhabe, wie sie auch in Anlehnung an Jan Hermelink als »Anwesenheit der Abwesenden«[22] bezeichnet werden könnte. Dies führt in der Gesamtschau zu einer Entgrenzung des Räumlichkeitsaspektes der Gottesdienste.

Zu 3. Besondere Gottesdienste leben von Beziehungsnetzwerken, begründen diese und wirken in sie hinein.

- Die Analyse hat gezeigt, dass die im Kontext besonderer Gottesdienste wirksamen Beziehungen weit über die eigentliche Veranstaltung hinaus in andere gesellschaftliche Lebensbereiche und Institutionen hinein reichen.
- Gerade die persönlichen, bereits bestehenden Kontakte sind zu Beginn für die Teilnahme an einem besonderen Gottesdienst zentral. Es werden aber auch viele neue Kontakte in den Gottesdiensten geschlossen, die mit der Zeit für die Teilnahme an Relevanz gewinnen und auch außerhalb bestehen. Darüber hinaus sind die besonderen Gottesdienste lt. Umfrage in 65–82 % der Fälle Gegenstand in Gesprächen mit Menschen, die diese Gottesdienste nicht besucht haben, z. B. mit Kollegen am Arbeitsplatz, Freunden in der Kneipe, Familienmitgliedern beim gemeinsamen Abendessen, in den sozialen Netzwerken u. v. m..
- Darüber hinaus hat sich gezeigt, dass es deutliche Unterschiede in der Vernetzung der Untergruppierungen innerhalb der jeweiligen GD gibt. In diesem Zusammenhang ist interessant, welche Rolle die Schlüsselpersonen für die Vernetzung spielen und welche Konsequenzen dies ggf. auf die Nachhaltigkeit des Angebotes hat. Hierbei ist entscheidend, ob und in welcher Art und Weise z. B. die Gottesdienstteams in die verantwortliche Leitung eingebunden sind. So konnte festgestellt werden, dass in einem der untersuchten Gottesdienste unterschiedliche Unterstützungsgruppen nur über die

[22] Jan Hermelink, Kirchliche Organisation und das Jenseits des Glaubens, Gütersloh 2011, 92.

Schlüsselperson des Pfarrers verbunden sind, während in anderen Gottesdiensten die Zusammenarbeit und Kommunikation in gewissen Maße auch unabhängig von der Schlüsselperson gegeben schienen.

- Systembedingte »Leerstellen«, wie z. B. ein »fehlender« Kirchenvorstand, die sich durch die Anbindung des besonderen Gottesdienstes an eine Funktionspfarrstelle ergeben, wurden in allen drei Feldern durch bedürfnisorientierte Ersatzgremien »gefüllt«. Sie können als produktive, soziale Kräfte angesehen werden. Ihr informeller Charakter führt aber auch zu einer starken Abhängigkeit von Einzelpersonen und -gruppen.
- Die sozial-politische Dimension besonderer Gottesdienste zeigt sich besonders in der Vernetzung in andere gesellschaftliche Bereiche hinein, wie z. B. in die Theaterlandschaft, die Industrie, Automobilverbände, die Universität, die Polizei, Politik, diakonische Einrichtungen. Wichtige Transmitter sind hier die Medien bzw. die jeweiligen Amtsträger (Pfarrer und Universitätsprediger). So werden z. B. Themen durch die mediale Aufmerksamkeit in den gesellschaftlichen Diskurs eingespielt. Aber auch die vielfach von den Besuchern beschriebene Begegnung mit prominenten Persönlichkeiten oder der Polizei »auf Augenhöhe« kann hierfür als Beispiel angeführt werden.[23]

Zu 4. Obwohl sich die drei untersuchten Gottesdienste hinsichtlich ihren Sozialgestalten, gottesdienstlichen Formen und Angebotsstrukturen wesentlich unterscheiden, können in ihren Bezügen vergleichbare Sinnzuschreibungen und Resonanzerfahrungen rekonstruiert werden. Unter Resonanzerfahrungen wird hier mit Hartmut Rosa z. B. verstanden, wenn jemand beschreibt, dass er oder sie in dem jeweiligen besonderen Gottesdienst so sein kann, wie er oder sie ist, und oder er oder sie einen Unterschied macht, wahrgenommen wird, sich lebendig fühlt, berührt und bewegt wird oder jemand anderen berühre und bewege.[24] In allen drei Feldern spielten vor allen Dingen folgende Erfahrungen eine Rolle: Außeralltäglichkeit, Selbstwirksamkeit, Kontingenzbewältigung, Perspektivwechsel/-veränderung. Der Umstand, dass es in der subjektiven Wahr-

---

23 Vgl. exemplarisch Tanja Martin, a. a. O., 140, 165.

24 Vgl. z. B. Ulrich Schnabel, Hartmut Rosa, Hartmut »Hier kann ich ganz sein, wie ich bin.« Warum wir am glücklichsten sind, wenn wir mit anderen mitschwingen können. Ein Gespräch mit Hartmut Rosa, vom 28. August 2014. http://www.zeit.de/2014/34/hartmut-rosa-ich-gefuehl. [online: 10.08.2015].

nehmung zu ähnlichen Sinnzuschreibungen und Resonanzerfahrungen gekommen ist, bedeutet nicht, dass die Form beliebig ist, sondern vielmehr, dass die Form subjektiv anschlussfähig sein muss. Daraus folgt auch, dass es nicht eine Form des Gottesdienstes für alle Menschen geben kann.

Die sozial-diakonische und politische Wirkung besonderer Gottesdienste:

Die sozialen Kräfte besonderer Gottesdienste entfalten in ihrem genuinen Zusammenspiel eines jeweiligen Gottesdienstes eine sozial-diakonische und sozial politische Wirkung auf den bereits genannten unterschiedlichen Ebenen. Hierfür können aus dem Vorangegangenen zusammenfassend angeführt werden:

- Durch das gemeinsame gottesdienstliche Feiern, Essen, Trinken, Kommunizieren kommt es zu einer Wertschätzung und Anerkennung über sozial-politische und gesellschaftliche Grenzen hinweg. Sowohl in Bezug auf die Nachtschicht als auch auf das Anlassen, kann von milieuübergreifenden Gottesdiensten gesprochen werden, wenngleich in ganz unterschiedlicher Art und Weise. Eine Besucherin der Nachtschicht erzählt, wie besonders es für sie ist, dass sie als Rentnerin mit einer sehr niedrigen Rente im Rahmen der Nachtschicht prominenten Menschen begegnen und mit ihnen essen und reden darf. Dabei wird ihr eine Wertschätzung entgegengebracht, wie sie sie sonst nicht wahrnimmt. Der Motorradgottesdienst ist im Hinblick auf die Gottesdienstbesucher/innen insgesamt ein milieuübergreifender Gottesdienst. Hier scheinen Einkommen, Beruf oder soziale Schicht nahezu keine Rolle zu spielen, und es kann schon passieren, dass der Bankvorstand neben dem Transferleistungsempfänger sitzt und sie im üblichen DU über Gott und die Welt reden, ohne vom jeweiligen sozialen Hintergrund des anderen zu wissen (Motorrad und Kleidung sind in diesem Kontext keine klaren Indikatoren). Und auch bei einem von außen betrachtet milieuverengten Gottesdienst wie dem Mittwochmorgengottesdienst, ist die Wahrnehmung der Teilnehmenden eine andere. Die Gemeinschaft wird sogar wörtlich mit dem urgemeindlichen Ideal beschrieben, insofern z. B. der berufliche

Status zwischen Lehrenden und Studierenden beim gemeinsamen Frühstück keine Rolle spielt.

- Durch die in den Gottesdiensten behandelten Themen werden Beiträge zum gesellschaftspolitischen Diskurs geliefert und über die Beziehungsnetzwerke und medialen Beiträge verbreitet.
- Es entsteht ein Crossover in andere gesellschaftliche Bereiche hinein. Dadurch eröffnen besondere Gottesdienste die Möglichkeit eines geweiteten Blickes und einer Begegnung auf Augenhöhe.
- Die mediale und analoge Präsenz der besonderen Gottesdienste macht Kirche und das Spektrum, für das sie steht, sichtbar.

FAZIT[25]

Abschließend möchte ich noch einmal zu der mir aufgetragenen Frage zurückkommen, die lautete: Wie kann die soziale Kraft des Gottesdienstes bewahrt werden? Meine Antwort darauf lautet heute: indem wir nicht versuchen, etwas statisch festzuhalten, sondern uns tradierte Formen anschauen, davon bewahren, was sich nachhaltig bewährt hat und neue Wege gehen, wo wir mit alten Formen an destruktive Grenzen stoßen. Das entspricht den sozialen Kräften, die ihre Wirkung in einem dynamischen Verhältnis zwischen Tradition und Innovation und all den anderen genannten Vergesellungskräften entfalten. Dabei verändern die Gesellungskräfte ihre Ordnung. Das im Kontext besonderer Gottesdienste wirksame Beziehungsnetzwerk ist dabei ein wichtiger Aspekt von Gemeindlichkeit, das sich jedoch in unterschiedlichen Sozialformen realisiert. Die gottesdienstliche Gemeindlichkeit ist nicht an spezifischen Partizipations- oder Sozialformen festzumachen. Das selektive Partizipationsverhalten ist kein Zeichen eines Verfallsprozesses, sondern einer selbstverantwortlichen und selbstbewussten kirchlichen Praxis und damit eine wichtige Voraussetzung für Gemeindlichkeit in der heutigen Zeit (Postmoderne). Nicht »die Gemeinde« feiert einen Gottesdienst, sondern der adäquate Gottesdienst schafft als kollektives Phänomen eine Gemeinde – jedes Mal neu und »auf Zeit«! Denn Gemeindlichkeit stellt ein dynamisches, fluides und unverfügbares Beziehungsgeschehen dar. Diese Formen von »Gemeinde« sind im Fluss, d. h. es sind »Gemeinden auf Zeit« zwischen Verheißung und sozialer Wirklichkeit. Ein solches Ge-

25 Vgl. hierzu auch ausführlich Tanja Martin, a. a. O., 356–361.

meindebild hilft Gemeinde auch dort zu entdecken, wo wir sie vielleicht gar nicht erwarten.

In diesem Sinne möchte ich mit einem Zitat des englischen Gelehrten Thomas Morus schließen: »Tradition ist nicht das Halten der Asche, sondern das Weitergeben der Flamme.«

DIALOGPREDIGTEN[1]

Stefan Weller

EINFÜHRUNG

Dialoge sind eine klassische Form der Erkenntnisgewinnung und -vermittlung. Man denke an die Dialoge des Sokrates bei dem griechischen Philosophen Platon oder an Augustins Dialoge in der Frühzeit der christlichen Theologie – eine Tradition, die sich als literarische Form bis in die Neuzeit fortgesetzt hat.

Seinen Sitz im Leben hat der Dialog in der mündlichen Gesprächssituation. Er entsteht oder entwickelt sich oft als Widerspruch und enthält Elemente des Streits. Ein Wort ergibt das andere. Einem Argument wird ein anderes entgegengehalten. Jede Partei möchte nicht oder zumindest nicht nur etwas lernen, sondern gern Recht behalten. Im Verlauf eines engagierten Wortwechsels werden die Emotionen der Beteiligten angefeuert. Das verleiht Dialogen ihre Energie. Manchmal entwickeln sie sich in Richtungen, die zu Beginn nicht absehbar waren. Das macht die Gesprächsgänge interessant und kann im besten Fall zu Aha-Erlebnissen und neuen Einsichten führen. In vielen Fällen bleibt es jedoch bei einem rhetorischen Schlagabtausch. Bereits Platon warf den sogenannten *Sophisten*, einer zeitgenössischen Gruppe von Weisheitslehrern vor, sie würden Argumente und rhetorische Figuren nur zur Durchsetzung des eigenen Standpunkts und zur Manipulation verwenden. Es ist zudem nicht immer gewährleistet, dass ein Rededuell sachlich und fair bleibt. Rede und Gegenrede haben die Neigung zum Effekt der *positiven Rückkopplung*. Das bedeutet, dass die wechselseitig ausgesendeten Signale

---

1 Handout zum Workshop »Zeitgemäß predigen« beim International Worship Forums der EmK am 13.-16. Oktober 2022 in Stuttgart.

sich immer weiter verstärkend auf die Energie im System auswirken. Das kann zur Eskalation und im Extrem zum Umschlagen in Gewalt führen. Bekanntlich haben Kriege – archaische wie moderne – immer ein Vorspiel im Bereich der Worte.

Die Dialoge, welche auf friedliche Weise zur Bildung des Verstandes und des Herzens beitragen, sind deshalb kulturell gezähmt. Die wilde Energie, welche Streitgesprächen innewohnt, braucht ein Mindestmass an Domestizierung. Das bedeutet: Entweder werden Dialoge nach festen Regeln vollzogen oder sie sind gesteuert.

Feste Regeln bei Dialogen sind neben den zivilisatorischen Konventionen wie Höflichkeit und Sachlichkeit zum Beispiel Redezeitbegrenzungen, vorgegebene Frageformen oder eine externe Moderation. Sie finden sich in der *disputatio*, deren Anfänge auf Aristoteles zurückgehen und die in der mittelalterlichen Scholastik zur hauptsächlichen wissenschaftlichen Methode gehörte. Ein dafür schon recht spätes Beispiel sind die akademischen Streitgespräche, die Luther im Jahr 1519 mit Johannes Eck in Leipzig führte, um seine reformatorischen Schriften zu verteidigen.[2]

Bei gesteuerten Dialogen sind Verlauf und Ergebnis kontrolliert und stehen nicht selten von vornherein fest. Es sind oftmals erdachte Texte mit fiktiven Dialogpartnern, an deren Argumenten die eigenen gemessen werden. Als klassisches Beispiel sei hier der Dialog des Kirchenvaters Justinus Martyr (ca. 100–165 n. Chr.) mit dem Juden Tryphon genannt. Letzterer hatte den Argumenten des Justinus nichts Stichhaltiges entgegenzusetzen – kein Wunder, denn Tryphon hat nie existiert. Einen jüdisch-christlichen Dialog auf Augenhöhe mit gleichberechtigten Dialogpartnern hat es vor der zweiten Hälfte des 20. Jahrhunderts nicht gegeben.

Mit dem Aufblühen der Humanwissenschaften wie Psychologie und Soziologie im letzten Jahrhundert erfuhr die heilende und friedensfördernde Funktion von kontrollierten Dialogen immer mehr Aufmerksamkeit. Psychotherapeuten wie Carl Rogers und Viktor Frankl entwickelten therapeutische Gesprächsformen, aus denen auch zahlreiche

---

2 Weniger wissenschaftlich geht es bei Pro-und-Contra-Spielen zu, die ich noch aus der kirchlichen Arbeit mit Jugendlichen kenne und die dort grossen Anklang fanden.

Impulse für die Beratung und Seelsorge hervorgegangen sind.[3] Grundlage ist das Prinzip des Respekts und der Wertschätzung, verbunden mit dem Vorrang des Zuhörens vor dem Argumentieren. Die gesprächsführende Person nimmt sich selbst zurück und bleibt thematisch ganz bei der Person gegenüber. Die Aussagen werden nicht gewertet und Konfrontation vermieden. Es werden vielmehr öffnende Fragen gestellt, die der anderen Person helfen, Existenziale wie Freiheit, Geistigkeit und Verantwortlichkeit zu erleben, Selbstdistanzierung zu erlangen und die eigenen Ressourcen zu aktivieren. Man spricht hier in neuer Weise vom »Sokratischen Dialog«. Das ihm zugeschriebene Prinzip der Mäeutik (Hebammenkunst) beruht auf dem Anliegen, die andere Person beim »Gebären« zu unterstützen – nicht nur der Wahrheit und Erkenntnis, sondern auch des Heilsamen und zum Frieden Führenden.

Mediationen bei Konfliktsituationen bedienen sich spezieller Dialogformen, z. B. der *gewaltfreien Kommunikation*.[4] Auf internationaler politischer Ebene ist die Diplomatie das Feld, auf dem die Kultur des Dialogs gepflegt werden muss, um gewaltsame Konflikte zu vermeiden oder zu beenden. Die Chance auf Frieden besteht nur dort, wo miteinander gesprochen wird.

Seit der Verbreitung von Radio und Fernsehen in der ersten Hälfte des 20. Jahrhunderts gehören Dialoge zu den häufig verwendeten und beliebten Sendeformaten, zu Beginn stärker als *Interview*, später zunehmend in *Talkrunden*. Eine noch bemerkenswertere Renaissance haben sie im digitalen Zeitalter als Gestaltungsform des *Podcast* erfahren. Es handelt sich um Serien von abonnierbaren Audio-Dateien, die bei fast jeder Gelegenheit, vornehmlich auch unterwegs, zu Informations-, Unterhaltungs- oder Bildungszwecken angehört werden. Seit etwa 2015 hat ihre Produktion und Nutzung sprunghaft zugenommen.[5] Bei Anleitungen zur selbständigen Erstellung eines Podcast wird die Form des Dialogs ausdrücklich empfohlen.[6]

---

3 Vgl. unter den vielen möglichen Verweisen z. B. V. Frankl, Der Wille zum Sinn, 1. Aufl. 1972 (6. Aufl., Bern 2012), 139 mit Würdigung von C. Rogers.

4 Vgl. M. B. Rosenberg, Gewaltfreie Kommunikation. Eine Sprache des Lebens, dt. Paderborn 2001.

5 Vgl. https://de.wikipedia.org/wiki/Podcast, abgerufen am 28.9.2022.

6 https://de.wikibooks.org/wiki/Podcasting_f%C3%BCr_Einsteiger_und_Fortgeschrittene/_Der_Dialog-Podcast, abgerufen am 28.9.2022; Podcasts als Dialog werden auch von Kirchgemeinden mehr und mehr entdeckt, wie z. B. das Projekt

Dialog als Sinnfindung im Zwischenraum

Unter einem Dialog versteht man umgangssprachlich ein Gespräch, an dem zwei Personen oder Parteien beteiligt sind.[7] Das ist zwar nicht falsch, aber die griechische Silbe »dia« hat nichts mit der der Zahl zwei zu tun, sondern bedeutet »zwischen«. Dialoge sind also Gespräche zwischen Personen, deren Zahl unterschiedlich sein kann. Macht man sich ausserdem bewusst, das »logos« nicht nur »Wort« heisst, sondern auch »Grund« oder »Sinn«, dann wird die Breite des Begriffs »Dialog« noch deutlicher: Es geht um eine sprachliche Interaktion, bei der im Vollzug zwischen den Beteiligten Sinn entsteht.

Von dem Soziologen Niklas Luhmann (1927–1998) stammt das Diktum:

> »[...] Menschen können nicht kommunizieren, nicht einmal ihre Gehirne können kommunizieren, nicht einmal das Bewusstsein kann kommunizieren. Nur die Kommunikation kann kommunizieren.«[8]

Entsprechend lässt sich formulieren: Ein Dialog kann im Grunde nie von einer Person allein geführt werden, nicht einmal, wenn es sich um einen »inneren Dialog« oder einen von einer Person verfassten Dialog handelt. Wir alle sind Wesen, die ihre Identität aus ihrer Zugehörigkeit oder dem Gegenüber zu anderen Menschen konstruieren und sich in irgendeiner Weise zueinander verhalten. Der Sinn einer sprachlichen Äusserung ist auch niemals nur die Benennung eines Sachverhalts, sondern hat immer auch eine performative Funktion – will also gehört werden und auf etwas hinaus. Das Entscheidende geschieht also *zwischen* denen, die jenen Dialog führen, selbst wenn sie nur in der Vorstellung existieren.

Dass Erkenntnis wie auch das Heilende und Versöhnende im Zuge der Kommunikation *zwischen* Menschen wächst, weist nicht zuletzt auf

»(Un)glaublichi Sache« in der Evangelisch-methodistischen Kirche Aarau zeigt: URL: https://emk-aarau.ch/podcast, abgerufen am 28.9.2022.

7 Entsprechend wird eine Predigt mit drei Rollen auch als »Trialog« bezeichnet. Vgl. A. Dexelmann/M. Kassis, Dialogpredigten, Stuttgart 2015, 14, Anm. 1.

8 https://beruhmte-zitate.de/autoren/niklas-luhmann/kommunikation, abgerufen am 01.10.2022.

die Unverfügbarkeit derartiger Vorgänge hin – selbst wenn die Rede sich nicht mehr spontan entwickelt und der Verlauf eines Dialogs domestiziert ist.

DIALOGPREDIGTEN

Predigten in Form eines Dialogs erfreuen sich in der gottesdienstlichen Praxis einer gewissen Beliebtheit, denn sie versprechen Abwechslung. Aus dem bisher Notierten folgt allerdings: Von einer Dialogpredigt kann noch nicht die Rede sein, wenn zwei oder mehr Personen abwechselnd sprechen; auch nicht, wenn eine Person Fragen aufwirft, die von einer anderen beantwortet werden, wie das z. B. bei Prüfungen zum Abschluss des Katechismusunterrichts lange Zeit der Fall war.

Die hier gemachten Überlegungen und Praxisbeispiele zu Dialogpredigten knüpfen an Gerhard Marcel Martins Konzept »Predigt als offenes Kunstwerk«[9] an. Seine von der Rezeptionsästhetik inspirierten homiletischen Ideen wurden in den vergangenen fünfzig Jahren immer wieder besprochen, gewürdigt und teilweise auch umgesetzt. Die Umsetzung in der Gestalt von Dialogen oder szenischen Predigten findet sich dagegen vergleichsweise selten.[10]

Mein persönlicher Zugang war die Einsicht aus der Kommunikationswissenschaft, dass eine Information nur dann vermittelt werden kann, wenn die empfangende Person bereit und in der Lage ist, diese in ihr auf bisherigen Erfahrungen beruhendes *Bezugssystem* zu integrieren. Dieses muss zunächst bestätigt werden. Geschieht das, nennt man dies Herstellung von *Redundanz*[11]. In einem fairen und von Lernbereitschaft

---

9 G. M. Martin, Predigt als offenes Kunstwerk, EvTh 44 (1984), 46ff.; zur Rezeption in den letzten Jahrzehnten vgl. u.a. H. M. Dober, Von den Künsten lernen. Eine Grundlegung und Kritik der Homiletik, Göttingen 2015, 154ff.; R. Knieling, Was predigen wir? Eine Homiletik, Neukirchen 2009, 34ff.

10 Eines der wenigen schönen Beispiele von gelungenen Dialogen ist M. Leonhardi, Gottesdienste dramaturgisch, Göttingen 2009, mit Gottesdienst-Dokumentationen aus der Dresdner Studentengemeinde. Recht statisch und selten mit gelungener Dramaturgie dagegen: A. Dexelmann/M. Kassis, Dialogpredigten. Anstiftungen, Erfahrungen, Modelle, Stuttgart 2015.

11 Von lat. *redundantia*: »Überfluss, Überfülle« – meint innerhalb der Kommunikationswissenschaft die (mehrfache) Wiederholung einer Information, u. a. zur Absicherung der Informationsübertragung.

geprägten Dialog wird von den Gesprächspartner:innen immer wieder wechselseitig versucht, ein nötiges Mass an Redundanz herzustellen, um auf dieser Grundlage gleichzeitig das Einverständnis des Gegenübers für die eigenen Akzentuierungen und Ergänzungen zu erlangen. Im besten Fall führt dies zu einem gemeinsamen Erkenntnisgewinn.

Die klassische Predigt krankt indes daran, dass sie Information vermitteln will, ohne ausreichend Redundanz herzustellen.[12] In einer *ansprechenden* Predigt muss darauf hingewirkt werden, dass die Zuhörenden nicht nur neue Wirklichkeit wahrnehmen, sondern zunächst ihre eigene Wirklichkeit zutreffend benannt finden bzw. wiedererkennen. Wer verstehen soll, muss sich verstanden fühlen. Wer am Ende sagen soll: »Das war mir neu«, muss zuvor gesagt haben: »Ja, das kenne ich, so geht es mir auch.«[13]

Der Begriff der Redundanz ist in einigen Bereichen, z. B. der Pädagogik, auch negativ konnotiert im Sinne von: Die Person wiederholt nur bereits Bekanntes oder Gesagtes. Um das mit der Einführung des Begriffs Redundanz verfolgte Anliegen weiter zu präzisieren, schlage ich vor, im Anschluss an den Soziologen Hartmut Rosa besser von *Resonanz* zu sprechen.[14] Der Begriff eignet sich gut, weil er ergänzend den dynamischen Aspekt des *Mitschwingens* mit den Erfahrungen und Einstellungen des Gegenübers zum Ausdruck bringt. Rosa konstatiert im Vollzug von Gottesdiensten und religiösen Riten, dass dort »so etwas wie ein sensorischer Resonanzverbund« entsteht.[15] Michael Nausner macht in seiner »Theologie der Teilhabe« Rosas Resonanzkonzept für die systematische Theologie fruchtbar und entwickelt es u. a. für das Gebet und das Singen im Gottesdienst weiter.[16] Eine Umsetzung im Bereich der Homiletik steht aus meiner Perspektive noch aus.

Die Notwendigkeit der Herstellung von Resonanz gilt zunächst für alle Predigtformen. Aus meiner Sicht liegt es aber auf der Hand, dass

---

12 »Wahrscheinlich wird im allgemeinen der informative Wert der Predigt überschätzt und ihr kommunikativer vernachlässigt.« K. P. Hertzsch, Predigt als Rede und Anrede, Theologische Literaturzeitung 99 (1974), 887, vgl. zum folgenden den ganzen Aufsatz 881–890.

13 In der Gesprächstherapie und der Seelsorge entspricht die Herstellung von Redundanz der Methode des »Spiegelns«.

14 Vgl. H. Rosa, Resonanz – Eine Soziologie der Weltbeziehung, Berlin 2016.

15 A. a. O., 443.

16 M. Nausner, Theologie der Teilhabe, Reutlinger Beiträge zur Theologie 2, Leipzig 2020, 63ff., 191, 215ff.

die Form des Dialogs einer Predigt helfen kann, ein gewisses Mass an Redundanz bzw. eine gelingende Resonanz mit unterschiedlichen Welterfahrungen herzustellen.

Inspiriert durch die Philosophen der Frankfurter Schule und durch die neue Attraktivität der Gesprächstherapien gab es in den 60er Jahren des 20. Jahrhunderts Versuche, die Predigten im Gottesdienst durch Gemeindegespräche zu ersetzen. Die Teilnehmenden sollten sich nicht nur im Gesagten wiederfinden, sondern sich aktiv in den Diskurs einbringen. Dieses Konzept war dem Bedürfnis nach Erfahrungsbezogenheit als Gegenreaktion zur radikalen Textbezogenheit der dialektischen Theologie geschuldet. Reformversuche dieser Art haben sich allerdings nicht durchgesetzt.[17] Neben dem Problem, dass Gesprächsgottesdienste nur sehr milieuspezifisch, z. B. mit politisch aktiven und interessierten Akademiker:innen funktionieren, scheint mir ein weiteres Problem darin zu liegen, dass das Bezugssystem der Hörer:innen nicht nur bestätigt oder auf die eigene Erfahrungswelt bezogen, sondern durch die Verkündigung herausgefordert werden sollte. Thema der Predigt darf nicht einfach die Situation der Teilnehmenden sein. Der Predigttext setzt vielmehr eine Situation, und die Predigt als dessen *Entfaltung* (»praedicare«) öffnet im besten Fall einen Raum, in dem sich die Teilnehmenden und Hörenden mit ihren Erfahrungen wiederfinden.[18]

Hier kommt nun G. M. Martins ästhetisches Konzept der »Predigt als offenes Kunstwerk« zum Tragen. Ein Kunstwerk zeichnet sich dadurch aus, dass es offen im Sinne von *mehrdeutig* ist. Die Rezipient:innen sehen sich im Moment der Begegnung damit herausgefordert, es durch ihre je eigene Wahrnehmung und Interpretation gleichsam *zu Ende zu erschaffen*. Bei einer Predigt ist dies umso mehr der Fall, als sie innerhalb des öffentlichen Raumes eines Gottesdienstes viele Rezipient:innen als Gegenüber hat. Die Anrede einer Predigt ist an sehr verschiedene Personen in unterschiedlichen Lebenssituationen gerichtet, die je auf ihre Weise selektiv wahrnehmen und individuell interpretieren. Dadurch unterscheidet sich die Predigt grundlegend von dem persönlichen (seelsorglichen) Wort in die Situation der Einzelperson hinein. Sie vollendet sich im kollektiven Präsens, d. h. im Vollzug innerhalb des Gottesdienstes

---

17 Vgl. K. Müller, Der Gesprächsgottesdienst; in Schmidt-Lauber/Meyer-Blanck/Bieritz (Hg.), Handbuch der Liturgik, Göttingen 2003 (3. Aufl.), 882ff.

18 Vgl. dazu St. Weller, Erzählformen der Bibel als Herausforderung an unsere Predigt, Abschlussarbeit 1989, unveröffentlichtes Manuskript.

als öffentliche, mündliche Rede. Als Kunstform rückt sie so in unmittelbare Nähe zum Theater. Predigt als Kunstwerk ist in diesem Sinne eine Inszenierung, ausgehend von einem biblischen Text, den sie in *Wirkungstreue* neu entfaltet.[19]

Wiederum gilt das Gesagte zunächst für alle Predigtformen. Doch das Stichwort *Inszenierung* ebnet ebenfalls die Bahn Richtung Dialogpredigt. Spätestens hier wird allerdings auch klar, dass ein solcher Predigtdialog einen klaren Ausgangs- und Zielpunkt haben sollte. Es geht ja um ein Kunstwerk und dessen Inszenierung – eingebunden in einen zeitlich und örtlich arrangierten rituellen Rahmen mit entsprechenden Erwartungen an die *Performance.* Insofern handelt es sich um einen gesteuerten Dialog. Ausgangspunkt ist der biblische Text, der sich als antikes Schriftstück aus einer völlig anderen Erfahrungswelt oft wie ein Fremdkörper zum heutigen Leben verhält. Im Dialog muss wechselweise darum gerungen werden, wie man ihn in die Bezugssysteme heutiger Welterfahrung integrieren kann. Der Zielpunkt darf allerdings nicht irgendeine Eindeutigkeit oder zeitlose Lehre, erst Recht nicht einfach ein Sieg der einen und die Niederlage der anderen Seite sein, sondern ein Doppelpunkt: Der Moment, in dem jede oder zumindest fast jede Person im Raum sich mit einer im Dialog eingenommenen Rolle identifiziert, mitbewegt, eigene Erfahrungen wiedererkennt und so etwas von diesem sperrigen Stück Antike bewusst mitnimmt in ihr eigenes Leben und Selbstverständnis.[20]

Entstehung einer Dialogpredigt

Aus meiner Sicht können Dialogpredigten entstehen wie andere Predigten auch, also infolge einer gründlichen Exegese des Bibeltextes, einer Meditation, einer Reflexion der Gemeindesituation und nach Erstellung eines homiletischen Skopus (Zielangabe der Entfaltung des Textes). Das heisst: Nicht jede Dialogpredigt muss aus einem in der Realität geführten Dialog zwischen mehreren Personen herauswachsen. Aber solche Gespräche sind natürlich für jede Predigt (auch für Monologe) inspirierend

---

19 Vgl. u.a. Henning Luther, Predigt als inszenierter Text, ThPr 18 (1983), 89ff.

20 Der Autor geht davon aus, dass eine sorgfältige und detaillierte Vorbereitung weder im Widerspruch zur Authentizität des Gesagten steht noch das Wirken des Heiligen Geistes dämpft. Zur Frage des Authentischen bei multiperspektivischer Rollenverteilung siehe unten bei »Formen der Dialogpredigt«.

und hilfreich. Sie können unter Pfarrkolleg:innen geführt werden, aber im besten Fall auch in einer Gemeindegruppe[21] oder bei noch anderer Gelegenheit, wenn sich ein Gespräch über den jeweiligen Bibeltext ergibt (z.B. in der Betriebskantine).

Nur selten arbeiten Kolleg:innen so gut zusammen, dass sie gemeinsam den Dialogtext für die Predigt erstellen. Wenn dies gelingt, z.B. auch per E-Mail-Wechsel, ist das ein Glücksfall. Es tut aber der Qualität einer Dialogpredigt keinen Abbruch, wenn der Text aller Rollen von einer Person niedergeschrieben wird. Wichtiger ist deren Kenntnis der unterschiedlichen Erfahrungswelten und Positionen.

Der Respekt vor der Fremdheit des Bibeltextes wie auch der vor der Vielfalt der Gegenwartserfahrungen gebietet es allerdings umso eindringlicher, dass die verfassende Person nicht einfach am Ende ihre persönliche Meinung triumphieren lässt und zum Konsens aller Rollen macht. Das gilt umso mehr, als fromme Menschen gelegentlich der Meinung sind, sie wären das der Mission der Kirche schuldig. Wie alle Predigten dürfen auch Dialogpredigten nicht zum Hilfsmittel für den Transport von Ideologien werden. Die Predigt als Kunstwerk muss ihre Offenheit für unterschiedliche Meinungen und Interpretationen bewahren, sonst gerät sie zur Propaganda oder zum Kitsch.[22] Wir dürfen darauf vertrauen, dass Christus das Werk zu Ende führt, das wir beginnen. Teilnehmende am Gottesdienst sollten (und möchten hoffentlich) den Glauben nicht übergestülpt bekommen, sondern selbst entdecken. Eine Predigt, die keine Fragen offenlässt, die »den Sack zubindet« und bei der nach dem Amen »alles gesagt« ist, ist keine gute Predigt. Das Amen sollte der Doppelpunkt sein, der weitere Gespräche auslöst – beim anschliessenden Kirchencafé, am Familientisch, in der Gemeindegruppe oder bei anderen Gelegenheiten.

---

21 Z. B. unter Anwendung von gemeindepädagogischen Methoden zur Gesprächsführung wie »Bibel Teilen« o. a.

22 »›Kitsch‹ ist ... die Erschwerung der eigenständigen Wahrnehmung ... durch eine vermeintliche Klarheit (›Ein-Deutigkeit‹).« M. Meyer-Blanck, Gottesdienstlehre, Tübingen 2011, 350.

Formen der Dialogpredigt

Wie jede Predigt eine Inszenierung ist, so schlüpft auch die Person des Predigers bzw. der Predigerin dabei immer in eine Rolle, nicht erst dann, wenn die Rollen auf zwei oder mehr Personen aufgeteilt sind. Selbst der Versuch, möglichst authentisch zu sein oder zu wirken, ändert daran wenig.[23] Sogar die nicht ordinierte Laienperson, wenn sie am Sonntag eine Predigt mit authentischen Beispielen aus ihrem Alltagsleben erzählt, nimmt eine besondere Rolle wahr, die herausgehoben ist aus den anderen, die sie im Alltag einnimmt. Es ist – wenn auch nur als Ausnahme – die Rolle der klassischen Pfarrperson, die von der Kirche autorisiert ist und im Zweifelsfalle Recht zu haben beansprucht. Umso mehr ist es für alle an der Dialogpredigt Mitwirkenden hilfreich, die eingenommene Rolle genauer zu definieren. Dies kann auf verschiedene Weise geschehen:

- durch einfaches Benennen: »Ich schlüpfe heute in die Rolle von…«
- unterstrichen durch ein sichtbares Accessoire, z.B. Kappe, Buch
- komplette Verkleidung
- Sprechen von einem anderen Ort
- Handpuppe u. ä

Stehen keine weiteren Personen zur Verfügung, kann die predigende Person auch die Rollen selbst einnehmen und von einer zur anderen wechseln.[24]

Stehen zwei oder mehr Personen zur Verfügung, wird es für die Teilnehmenden am Gottesdienst übersichtlicher. Auch hier lohnt es sich zu überlegen, ob die jeweilige Rolle sich aus dem Gesagten ergibt oder ob es hilfreich ist, sie durch äussere Ausstattung zu unterstreichen.

Je intensiver jemand in eine Rolle hineinschlüpft und dies auch äusserlich kenntlich macht, umso mehr liegt es nahe, nicht nur zu sprechen, sondern die Rolle auch zu spielen. Schon sind wir beim

---

[23] Versuche von Pfarrpersonen, durch das Tragen von Alltagskleidung beim Predigen authentisch zu wirken, verschleiern lediglich die Tatsache, dass eine spezielle Rolle eingenommen wird – abgesehen von der Unangemessenheit eines casual outfits für die Leitung einer Gottesdienstfeier.

[24] Vgl. zu dieser und ähnlichen Formen: C. Dix, Die christliche Predigt im 21. Jahrhundert. Multimodale Analyse einer kommunikativen Gattung, Springer Wiesbaden, Open Access, First Online: 01 June 2021, Kapitel: Dialogpredigten.

Theater! Und in der Tat liegt es dort, wo Dialogpredigten gepflegt werden, nicht fern, Theaterstücke als Form der Verkündigung zu inszenieren.[25] Bei aller Freude am Spiel und der Ausstattung ist aber auch Vorsicht geboten: Die Form kann den Inhalt überdecken. Die Schlichtheit einer Sprechmotette[26] ist gelegentlich eindrücklicher und wirkungstreuer als eine glamouröse Inszenierung mit viel Beiwerk. Insgesamt sollte eine Predigt-Inszenierung mehr dem epischen als dem dramatischen Theater entsprechen, denn sie möchte nicht nur darstellen, anrühren oder unterhalten, sondern etwas auslösen und Wege zur Veränderung von Menschen und Verhältnissen aufzeigen.[27]

Oft kommen in einer Dialogpredigt zeitgenössische Personen zu Wort, die unterschiedliche Perspektiven zu einem Thema oder einem Bibeltext einnehmen, zum Beispiel: Enthusiast versus Skeptikerin oder Optimistin versus Pessimist. Dies ergibt in der Regel ein Streitgespräch. Eine Dialogpredigt kann bereits insofern einen Lerneffekt auslösen, als sie ein Beispiel für faires Streiten gibt. Natürlich ist es gut, wenn die Parteien einander näherkommen. Allerdings wäre es auch unrealistisch und kitschig, würde alles ganz schnell und harmonisch zur allgemeinen Einigkeit führen. Auch im richtigen Leben bleibt immer etwas offen. Wichtig ist vor allem, dass eine Rolle nicht zu stark karikiert, sondern auch in ihrem Widerspruch ernst genommen wird.

Gelegentlich können in einer Dialogpredigt auch biblische Figuren auftreten. Hier gilt es, nicht zu idealisieren, sondern sie in ihrer widersprüchlichen Menschlichkeit zu zeichnen. Eine »biblische« Verkleidung ist nicht angezeigt.

Beim Blick auf die Dialogpredigten, die ich bisher mit Kolleg:innen erarbeitet und gehalten habe, wird mir deutlich, dass ich bzw. wir diesen Ansprüchen selbst nicht immer gerecht geworden sind. Gelegentlich

---

25 Vgl. dazu meine kleine Sammlung von Verkündigungsstücken zur Weihnachtszeit: St. Weller, Es grüsst: Das Licht, Theologischer Verlag Zürich 2021.

26 Sprechmotetten sind rhythmische und chorische Inszenierungen von Texten, Personen schlüpfen dabei in die Rolle von Sprechstatuen. Insgesamt sollte eine Predigt-Inszenierung der Schlichtheit des Epischen Theaters entsprechen.

27 Merkmale des von Bertolt Brecht (1898 – 1956) konzipierten epischen Theaters sind, »dass der Vorgang kein Kunstvorgang sein muss, der Demonstrierende kein Künstler, dass kommentiert werden kann, niemand ›in den Bann‹ gezogen wird. Das Theater gibt sich als Theater zu erkennen, das Geprobte am Spiel tritt in Erscheinung, auch Emotionen, sie aber nicht als Ziel der Darstellung, die gesellschaftlich praktische Zwecke erfüllt« (A. Kotte, Theaterwissenschaft, Köln 2005, 109).

werden die Dialoge zu schnell harmonisch. Manchmal gibt es zu viel Belehrung und zu wenig Erfahrung. Es sind Versuche, von denen ich aber hoffe, dass sie zu neuen Versuchen inspirieren. Ein Beispiel ist hier abgedruckt, welches in den zwei Workshops beim Forum »Gottesdienst verändert« gelesen und besprochen worden ist.

»Christus ist auferstanden!« – »Wie bitte?«

Oster-Dialogpredigt 2022[28]

A Christus ist auferstanden!
B Wie bitte?
A Er ist wahrhaftig auferstanden!
B Das kann nicht sein.
A Warum nicht?
B Weil Tote nicht wieder auferstehen.
A Warum nicht?
B Tot ist tot. Wenn ein Mensch gestorben ist, lässt sich das nicht mehr rückgängig machen.
A Warum nicht?
B *(genervt)* Wenn der Kreislauf und die Hirnfunktionen einmal stillstehen, beginnt sofort der Abbau. In Einzelfällen kann man jemanden noch wiederbeleben. Aber je mehr Zeit vergeht, umso vergeblicher wird das. Es geht da um Minuten.
A In der Bibel heisst es: Jesus war tot. Aber am dritten Tag ist er wieder auferstanden.
B Aus medizinischer Sicht ist das völlig unmöglich.
A Vielleicht ist die medizinische Sicht nicht die einzig mögliche.
B Es ist auch gegen die Erfahrung.
A Wie meinst du das – gegen die Erfahrung?
B Nun, kennst Du etwa eine Person, die schon einmal tot war? Also nicht jemand, den sie zurückgeholt haben, sondern der oder die schon mal ein paar Tage lang tot war?

[28] Gehalten am Ostersonntag, 17. April 2022 im Bethesda-Spital Basel, gemeinsam mit Pfarrerin Christina Forster (Rolle B); Anmerkung: Auf den ersten Satz »Christus ist auferstanden!« antwortete die Gemeinde, welche zum Teil aus Diakonissen besteht, spontan: »Er ist wahrhaftig auferstanden!«

A Nicht wirklich.

B Ich auch nicht. Und ich finde: Das ist auch gut so. Wo kämen wir hin, wenn nicht mal mehr der Tod todsicher wäre? Unsere Welt ist so eingerichtet, dass alle Lebewesen geboren werden, eine bestimmte Zeit leben – und wieder sterben. Eine Generation macht der nächsten Platz. Das ist die natürliche Ordnung.

A Da hast du recht. Ich sage ja auch nicht, dass immer wieder oder gar ständig Tote auferstehen. Ich sage nur: Christus ist auferstanden.

B Das ist – wie gesagt – gegen alle Erfahrung.

A Stimmt. Das war es damals auch schon. Die Leute, denen der Auferstandene begegnete, waren zu Tode erschrocken und fürchteten sich.

B Heute wäre das ein Stoff für Horrorfilme. Dort kommen die Toten oder Untoten aus ihren Gräbern und bringen den Leuten das Gruseln bei.

A Das war damals anders: Die Engel am leeren Grab und auch der auferstandene Jesus sagten: »Fürchtet euch nicht!«

B Aber bitte: Wie soll man sich denn nicht fürchten, wenn einem jemand begegnet, der drei Tage tot war? Wenn die Welt derartig aus ihrer Ordnung fällt?

A Die Welt ist auch so schon aus der Ordnung gefallen.

B Was soll denn das schon wieder heissen: »Die Welt ist auch so schon aus der Ordnung gefallen«?

A Naja, du hast eben von der natürlichen Ordnung der Dinge gesprochen: »Alle Lebewesen werden geboren, leben ihre Zeit und sterben. Eine Generation macht der nächsten Platz.« Dabei weisst du selbst: Diese Ordnung funktioniert nicht. Es gibt furchtbares Leid auf der Welt. Längst nicht allen Menschen ist es vergönnt, alt und lebenssatt abzutreten. Längst nicht alle können auf ihre Enkel und Urenkel schauen, die die Geschlechterfolge weiterführen. In der Ukraine werden Zivilisten erschossen. Kinder sterben unter Raketeneinschlägen. In Afghanistan verhungern ganze Dörfer. Umweltkatastrophen bringen grosses Leid. Auch bei uns treffen Krankheiten und Schicksalsschläge Menschen, die es offenkundig nicht verdient haben. Die Welt ist nicht gerecht.

B Ja, das ist leider so. Aber du lenkst vom Thema ab. Warum sollte sich an der Ungerechtigkeit der Welt etwas ändern, nur weil vor zweitausend Jahren angeblich jemand von den Toten zurückgekommen ist?

A Dieser Jemand war nicht irgendjemand. Es war Jesus von Nazareth, der bekannt war durch sein ganz besonderes Auftreten, sein inniges

Verhältnis zu Gott und seine Liebe zu denen, mit denen das Leben es nicht gut gemeint hatte, eben die, die aus der natürlichen Ordnung gefallen waren.

B Ja, ich weiss. Dieser Jesus von Nazareth, der Frieden und Feindesliebe predigte. Aber seine Feinde haben kurzen Prozess mit ihm gemacht und ihn wie einen Verbrecher am Kreuz hingerichtet.

A Sag mir: Was ist das für eine Welt, in der so etwas geschieht?

B Eine Welt, die aus der Ordnung gefallen ist.

A Da sind wir uns also einig. Und nun erlaube mir bitte, noch eine Frage zu stellen: Was müsste aus deiner Sicht geschehen, damit die Welt wieder in Ordnung kommt?

B Das ist eine gute und zugleich schwierige Frage: Vermutlich müsste es eine globale Instanz geben, die für Gerechtigkeit sorgt. Eine Art internationaler Gerichtshof. Der müsste die Täter zur Rechenschaft ziehen und den Opfern zu ihrem Recht verhelfen.

A Versuche für solche Instanzen gibt es ja schon, zum Beispiel den Europäischen Gerichtshof in Luxemburg.

B Ja, aber diese Institutionen sind noch zu schwach. Alles in allem gilt immer noch das Recht des Stärkeren.

A Ja, und selbst wenn es in Zukunft eine funktionierende globale Rechtsordnung geben würde, sind da noch die Millionen und Milliarden von Menschen, die bereits gestorben sind – oft viel zu früh nach einem unerfüllten Leben.

B Es müsste eine gerechte Instanz geben, nicht nur für die Lebenden, sondern auch für die Toten. Sonst hätte immer nur der Stärkere das letzte Wort.

A Es sind nicht nur wir Christinnen und Christen. Es sind Menschen aller Zeiten, Kulturen und Religionen, die bezeugen: Es gibt diese Instanz. Es gibt den Gott, der für Gerechtigkeit sorgt.

B Gerechtigkeit auch für die, die vor uns gelebt haben?

A Auch für sie, denn der Erfinder des Lebens steht über Leben und Tod.

B Jetzt sind wir aber immer weiter vom Thema abgekommen.

A *Ich* glaube, wir haben uns dem Thema immer mehr angenähert.

B Da bin ich aber gespannt...

A Wenn Gott Jesus von Nazareth von den Toten zurückgeholt hat, dann zeigt er damit, was er auch in Zukunft tun wird: Er wird die gerechten Menschen nicht dem Tod überlassen. Er wird die Gebete der Verfolgten nicht unerwidert lassen. Er wird den Unschuldigen Aufklärung ihrer Sache zuteilwerden lassen. Er wird das Leben der frühverstorbenen Kinder nicht verloren geben. Er wird für Gerechtigkeit sorgen.

B Ja, das ist auch meine Hoffnung. Aber trotzdem widerstrebt es all meiner Vorstellungskraft, dass der verstorbene Jesus einfach wieder dagewesen sein soll wie vorher.

A Darüber habe ich mir auch schon Gedanken gemacht. Und ich glaube: Es war nichts wie vorher. Die Zeuginnen und Zeugen der Bibel betonen zwar, dass Jesus nicht nur geistig, sondern auch körperlich wieder anwesend war. Sie konnten ihn angeblich sogar anfassen, seine Wunden fühlen. Aber es muss trotzdem ganz anders gewesen sein.

B Was war denn anders?

A Ich denke: Wenn sein Tod einfach nur rückgängig gemacht worden wäre. Wenn – wie sogar einige behaupten – Jesus gar nicht wirklich tot war, dann hätte er ja irgendwann trotzdem wieder sterben müssen. Liest man die Texte genauer, dann geht es wohl eher um Erscheinungen des auferstandenen Jesus. Die hörten in ihrer greifbaren Realität irgendwann wieder auf. Das wird in der Himmelfahrtsgeschichte zu beschreiben versucht.

B Dann handelte es sich doch nur um Einbildungen, und die Begegnungen waren gar nicht wirklich?

A Wirklich ist, was wirkt. Und was auch immer genau geschehen sein mag: Die Wirkung war nicht nur irgendwie nachweisbar, sie war enorm. Sie hat die Welt schon verändert. Denn aus den enttäuschten und verängstigten Jüngerinnen und Jüngern, deren Hoffnungen sich mit dem Tod von Jesus zerschlagen hatten, wurden nach diesen österlichen Begegnungen aufrechte, selbstbewusste und ihrer Sache ganz gewisse Persönlichkeiten. Sie gingen los und verkündigten, dass Jesus auf dieser Erde präsent bleibt, dass die Liebe stärker ist als der Tod und dass Gott eine Welt der Gerechtigkeit schaffen wird.

B Du hast recht. Da muss etwas passiert sein – das hat alles verändert. Zuerst diese Menschen selbst.

A Sie sind dem Auferstandenen begegnet. Wie auch immer man sich das vorstellt – er war da und verbreitete den Geist von dem, der das Leben überhaupt erst erschaffen hat.

B Wirklich ist, was wirkt. Wenn so ein Geist in der Welt ist, dann kann die Auferstehung auch heute ihre Kraft entfalten.

A Amen.

Unserer Sterblichkeit ins Auge sehen

Eine gesunde Haltung gegenüber dem Tod in der Liturgie[1]

Erika K. R. Stalcup

Es ist nicht immer einfach, ein Gespräch über den Tod zu beginnen, insbesondere in der heutigen westlichen Gesellschaft. Das Tabu ist so stark, dass es selbst der Kirche weitgehend nicht gelungen ist, das Schweigen über einen unbestreitbar wesentlichen Bestandteil des Lebens, des Glaubens und des Heils zu brechen. Müssen wir erst auf die Ankunft des Todes warten, um über seinen Platz in unserem Leben nachzudenken? In diesem Workshop werden wir darüber reflektieren, wie die Liturgie dazu beitragen kann, eine gesunde Einstellung zum Tod zu fördern und so zu einer gesünderen Lebensweise zu führen. Themen sind u. a.: Gebetssprache und Hymnen, Gottesdienste mit Kindern, Karfreitag, Taufe, Widmung eines Lebens (vor dem Tod) und Abendrituale.

Einführung

Ich bin mir sehr bewusst, wie abschreckend Tod und Sterben in unserer heutigen Gesellschaft sind, und gerade deshalb halte ich es für wichtig, sich damit zu beschäftigen, auch und gerade im gottesdienstlichen Kontext. Mein Plan für den Workshop ist folgender: Zunächst werde ich behutsam in das Thema einführen, indem ich unseren aktuellen Kontext und unsere Einstellung zum Tod berücksichtige, einen kurzen Hintergrund dazu gebe, woher ich komme und warum mich das Thema interessiert, und überlege, was wir brauchen, um zu einer positiveren

---

1 Workshop, gehalten im Rahmen des International Worship Forum der EmK am 15. Oktober 2022. Der Vortragsstil des auf Englisch gehaltenen Vortrags wurde beibehalten.

und gesünderen Beziehung zum Tod zu gelangen. Danach werden wir in einer kurzen Meditation und Diskussion im Gebet über unsere eigene Einstellung zum Tod nachdenken. In der verbleibenden Zeit werden wir konkrete liturgische Möglichkeiten erkunden, die wir in unsere häuslichen Andachten und in unsere Gemeinschaften einbeziehen können.

Kontext

Es gibt wahrscheinlich mehrere Gründe, warum die Vorstellung, sich auf den Tod vorzubereiten, bestenfalls seltsam, schlimmstenfalls morbide erscheint. Man spricht oft davon, dass Sex im viktorianischen Zeitalter ein Tabuthema war. Ich habe den Eindruck, dass Tod und Altern heute den Sex als verbotenes Gesprächsthema abgelöst haben. Versuchen Sie einmal, auf einer Cocktailparty das Altern oder den Tod zu erwähnen. Sie werden schnell als »morbide« kritisiert. (Ich habe den Eindruck, dass die Hälfte der Werbung darauf abzielt, den Alterungsprozess zu bekämpfen und dem Tod mit aller Kraft zu widerstehen. Es gibt unzählige Spezialcremes, die Falten reduzieren sollen, spezielle Lebensmittel, die uns helfen, länger zu leben, und Kleidung oder Make-up, die uns ein jugendliches Aussehen zurückgeben sollen. Aber warum? Was ist falsch daran, alt zu sein? Und warum ist der Tod so stigmatisiert? Ich habe ein Gemeindemitglied, das eine Phobie davor hat, mit älteren Menschen zusammen zu sein. Sie sagt, dass diese sie traurig machen und dass sie es nicht erträgt, Beziehungen zu Menschen aufzubauen, die bald sterben werden. Ich frage mich, was mit ihr passieren wird, wenn sie selbst ein hohes Alter erreicht.

Beim Nachdenken über Tod und Sterben hat mich die Arbeit von John Wyatt in seinem Buch Dying Well stark beeinflusst. Zu Beginn des Buches reflektiert er über ängstliche Medienberichte über Nelson Mandelas abnehmenden Gesundheitszustand im Alter von 94 Jahren und schreibt: »Ich fragte mich, was genau die ›wachsenden Ängste‹ waren? ... War es eine so beängstigende Aussicht, dass ein gebrechlicher Vierundneunzigjähriger mit mehreren chronischen Krankheiten tatsächlich sterben könnte? War es wirklich so beängstigend, dass der ›letzte Kampf‹ der modernen technologischen Medizin gegen Krankheit und Tod verloren gehen würde? Warum sollte das Sterben eines hochbetagten Mannes mit den gewaltsamen Begriffen ›Kampf‹ und ›Schlacht‹ umschrieben werden?«[2] Ähnliche Fragen hatte ich vor dem Tod von Königin Elisabeth der 2. Worüber machten sich die Ärzte eigentlich Sorgen?

Es ist klar, dass die Lebenserwartung in der westlichen Welt seit der Ära der ersten Methodisten dramatisch gestiegen ist. Der Tod ist viel weniger sichtbar als noch vor dreihundert Jahren. Der Verlust von Kindern und Jugendlichen ist extrem selten und außerordentlich tragisch, während es im England des 18. Jahrhunderts und anderswo relativ üblich war, Kinder zu verlieren. Vielerorts befinden sich die Friedhöfe nicht mehr in der Mitte des Dorfes, sondern am Rande. Öffentliche Hinrichtungen sind heute in den meisten Ländern (zum Glück) verboten, während sie im England des 18. Jahrhunderts eine beliebte Form der Unterhaltung darstellten. Auch der Sterbeprozess ist weniger sichtbar und findet oft in einem Krankenhaus oder einer anderen medizinischen Einrichtung statt. Wyatt schreibt: »Das Sterben ist zu einem medizinischen Ereignis geworden, das dadurch definiert wird, was Ärzte tun können und was nicht«.[3]

Heute hat man leicht das Gefühl, dass der Tod weit weg ist. Es ist nicht unvernünftig, zu erwarten, dass wir 80, 90 oder noch älter werden. Doch je weiter der Tod entfernt zu sein scheint, desto mehr sind wir geneigt, ihn zu fürchten. Vielen Menschen fällt es sehr schwer, über Tod und Sterben zu sprechen. Manche befürchten, dass schon die bloße Erwähnung des Todes ihren eigenen Tod herbeiführen wird. Manche Menschen schieben es sogar aus diesem Grund vor sich her, ein Testament zu machen. In den meisten Fällen ist das, was wir wirklich fürchten, das Leiden, aber das bedeutet nicht, dass wir den Tod als ein existenziell inakzeptables Ereignis, das mit dem Leben unvereinbar ist, völlig ablehnen müssen.

Meine Großeltern stammten beide aus großen Familien, und so nahm ich in meiner Kindheit an vielen Beerdigungen teil. Wo ich herkomme, war es Tradition, den Leichnam zu betrachten, und es war nicht ungewöhnlich, den Sarg während der Trauerfeier offen zu lassen. Aus diesem Grund war es wichtig, dass die Person auf eine bestimmte Art und Weise erschien: ruhig und friedlich, als ob sie in ihren besten Kleidern schliefe. Da es sich bei den meisten dieser Beerdigungen um langlebige Menschen handelte, die im Schlaf oder nach kurzer Krankheit verstorben waren, hatte ich noch nicht das Bedürfnis, über meine eigene Sterblichkeit nachzudenken. Der frühe Tod einer jungen Frau aus

---

2 John Wyatt, Dying Well, London 2018), 1–2.

3 A. a. O., 3.

meiner Gemeinde brachte mich jedoch zum Nachdenken. Ich hörte die emotionalen Würdigungen ihrer Freunde, sah die Trauer ihrer Eltern und begann mich zu fragen, was die Leute über mich sagen würden, wenn ich sterben würde. Mir wurde klar, dass die Jugend den Einfluss, den man auf die Welt um einen herum haben kann, nicht schmälert. Die Erkenntnis, dass der Tod näher sein könnte, als ich dachte, veränderte meine Sicht auf das Leben. Ich wurde mir des »Ewigen« bewusster und überdachte meine Prioritäten im Leben. Es zeigte mir auch, dass die Begegnung mit dem Tod eine Chance für geistliches Wachstum sein kann.

Ich erinnere mich an die erste Predigt, der ich wirklich aufmerksam zugehört habe. Der Pastor stellte die Frage: »Wie würdest du heute leben, wenn du wüsstest, dass du morgen sterben würdest?« An der Universität belegte ich jeden Kurs, den ich finden konnte, der das Wort »Tod« im Titel trug: »Tod und Sterben«, »Christlicher Tod«, »Griechischer Tod«. Später, als ich begann, mich mit der frühen methodistischen Geschichte zu befassen, war ich sehr beeindruckt von der Frage: »Haben Sie Angst vor dem Tod?« Ich weiß nicht, ob sie wirklich als Lackmustest für den christlichen Glauben taugt, aber ich glaube, dass sie eine wesentliche Frage ist, die wir als Teil unserer christlichen Reise verhandeln müssen. Was ist der Sinn des Lebens ohne den Tod?

Christen sagen manchmal, dass wir den Tod nicht zu fürchten brauchen, weil wir wissen, wohin wir danach gehen werden. Und doch habe ich von Fachleuten aus dem Gesundheitswesen immer wieder gehört, dass gerade Christen alles tun, um das Leben zu verlängern: Medikamente, künstliche Beatmung, keine Patientenverfügung unterschreiben usw. Ich hatte einmal ein Gemeindemitglied, das eine eifrige und leidenschaftliche Gläubige war. Doch als bei ihr eine unheilbare Krankheit diagnostiziert wurde, war sie von Angst ergriffen. Sie glaubte, dass Gott ihr einmal gesagt hatte, dass er ihr eine besondere Aufgabe geben würde, die sie erfüllen sollte, aber sie wusste noch nicht, was das war. Sie hatte Angst zu sterben, ohne diesen geheimnisvollen Auftrag erfüllt zu haben, obwohl Gott noch nicht gesagt hatte, worin dieser Auftrag bestand.

Ich habe den Eindruck, dass wir als Gemeinschaft, deren Religion sich auf den Tod und die Auferstehung eines Erlösers konzentriert, deren Heil vom Tod abhängt, wenig tun, um uns und unsere Gemeindemitglieder auf diese große Transformation vorzubereiten. Die Kirche sollte die wichtigste Quelle sein, um über unseren eigenen Tod nachzudenken, und doch bieten wir so oft nicht einmal die Gelegenheit, darüber zu sprechen. Manchmal, so stelle ich fest, vermeiden wir sogar die besten Gelegenheiten, die sich uns gerade bieten.

In diesem Workshop werden wir uns speziell mit der möglichen Rolle der Liturgie bei der Entwicklung einer gesunden Einstellung zum Tod befassen. Unsere christliche Tradition verfügt über reiche Ressourcen, um die Wechselbeziehung zwischen Leben und Tod zu bedenken, aber manchmal sind wir nicht mutig genug, sie zu nutzen. So vermeiden Pfarrerinnen und Pfarrer manchmal ein bestimmtes Kirchenlied oder eine bestimmte Strophe eines Kirchenlieds, weil es häufig bei Beerdigungen verwendet wird oder weil es den Tod thematisiert. Ich kannte eine Reihe von Familien in den Vereinigten Staaten, die sich weigerten, ihre Kinder zum Karfreitagsgottesdienst zu bringen, weil es dort um den Tod Jesu ging. Ich kannte auch einige Erwachsene, die die Karwoche ganz ausgelassen haben, weil sie sie zu düster oder zu »katholisch« fanden. Ich stelle fest, dass Kinder oft davon abgehalten werden, an Beerdigungen teilzunehmen, und dass sie im Allgemeinen vor der Realität von Tod und Krankheit geschützt werden. In einer Gemeinde, in der ich gearbeitet habe, gab es einen Organisten, der Selbstmord beging. Wir hielten einen Sonntagsgottesdienst zu seinem Gedenken ab, in dem wir die Wahrheit sagten, mutig und ehrlich über Selbstmord sprachen, mit Kindern sprachen, gemeinsam beteten usw. Es war ein sehr offener Gottesdienst, und jeder in der Gemeinde wusste, was passiert war, außer einigen Jugendlichen, deren Familien an diesem Sonntag nicht anwesend waren. Ein paar Jahre später, als wir in der Jugendgruppe über den Verlust unseres Organisten sprachen, riefen sie plötzlich: »Was? Unsere Eltern haben uns erzählt, er sei an Krebs gestorben!« Der Tod ist hart, aber ihn zu verheimlichen oder falsch darzustellen, macht ihn nicht leichter.

Im 15. Jahrhundert wurden zwei lateinische Texte mit dem Titel Ars moriendi veröffentlicht, eine Hilfe zur Selbsthilfe für Menschen, die sich dem Ende ihres Lebens nähern. In der Ära des frühen Methodismus hatten die Wesleys sehr klare Vorstellungen davon, was einen »guten Tod« ausmacht und wie sich sowohl Sterbende als auch ihre Umgebung verhalten sollten. Unsere Welt ist heute ganz anders, und der Einzelne ist meist auf sich allein gestellt, wenn es darum geht, dem Tod einen Sinn zu geben. In Anbetracht unseres aktuellen Kontextes in der europäischen und nordamerikanischen Gesellschaft habe ich eine kurze Liste zusammengestellt, die zusammenfasst, was ich als unsere gegenwärtigen Bedürfnisse betrachte. Diese Liste ist nicht vollständig, und Sie werden sicher weitere Ideen hinzufügen.

Was wir nicht brauchen:

- Übermäßiger Druck, einen besonders »guten Tod« zu sterben, oder zu spezifische Vorstellungen darüber, was einen idealen Tod ausmacht.
- Den Schmerz der Trauer und des Verlustes zu beschönigen, indem man sich nur auf die Feier der Ankunft im Himmel konzentriert. Ich habe schon so viele Beerdigungspredigten gehört, die versuchen, Trauer und Angst zu begraben, indem sie direkt zur Freude über die Auferstehung übergehen. Solche Predigten treffen die trauernden Freunde und Familienangehörigen nicht dort, wo sie sind, und sie erkennen das heilige Geheimnis des Todes nicht vollständig an.
- Kinder davon abzuhalten, den Tod mitzuerleben oder darüber zu sprechen, oder den Tod mit dem Schlaf zu vergleichen. Der Tod ist weder nur gut noch nur schlecht, und er sollte nicht übermäßig vereinfacht werden, nur um eine Antwort auf neugierige Fragen zu geben. Erwachsene müssen ihren Kindern nicht ihre eigenen Ängste und Unsicherheiten in Bezug auf den Tod aufzwingen, denn sie sind vielleicht empfänglicher für die komplexen Zusammenhänge als Erwachsene.

Was wir brauchen:

- Erkennen, dass der Tod etwas Gutes hat und dass es möglich und sogar wünschenswert ist, zum Sterben bereit zu sein. Das bedeutet nicht, dass wir den Tod gegenüber dem Leben bevorzugen, sondern dass wir akzeptieren, dass beide Gaben sein können und dass beide uns näher zu Gott bringen können.
- Ehrlich nach dem Sinn unseres Lebens zu fragen angesichts unserer Endlichkeit. Die Verantwortung für unser Leben und die übrige Schöpfung aus einem größeren Blickwinkel zu betrachten, um eine gesündere (und heiligere) Perspektive für unseren Platz in der Welt zu haben.
- Kindern, Erwachsenen und Älteren eine gute Grundlage zu bieten, um zu trauern, die Toten zu ehren, dem Tod und der Auferstehung Christi einen Sinn zu geben und über ihr eigenes Leben und ihren eigenen Tod im Hinblick auf ihre individuellen Anliegen, ihre Beziehungen zu anderen und ihre Heimat bei Gott und den Heiligen nachzudenken.

Strategie und Vorschläge

Werte etablieren

In der zweiten Hälfte des Workshops geht es darum, wie Liturgie und liturgische Sprache eine gesündere Einstellung zu Tod und Sterben fördern können. Zunächst werde ich eine Reihe von praktischen und theologischen Grundsätzen vorschlagen, die für mich wichtig sind, wenn ich über christliche Ansätze zum Tod nachdenke. Auch hier ist die Liste nicht vollständig, und Sie werden wahrscheinlich noch etwas hinzufügen wollen. Abschließend werde ich auf bestimmte liturgische Elemente eingehen, die meiner Meinung nach hervorragende Möglichkeiten bieten, uns mit unserer Zeitlichkeit auseinanderzusetzen.

Leben und Tod entpolarisieren

Wenn ich die Frage stelle: »Wie denkst du über deinen eigenen Tod?«, heißt es eigentlich: »Was denkst du über dein eigenes Leben?« Oft werden Leben und Tod als polare Gegensätze betrachtet (gut/schlecht, hell/dunkel), obwohl sie in Wirklichkeit untrennbar miteinander verwoben sind. Es ist unmöglich, das eine ohne das andere zu haben. Eine unserer wichtigsten Aufgaben, nicht nur als Gottesdienstplaner und -leiter, sondern ganz einfach als Menschen, besteht darin, Leben und Tod zu entpolarisieren, sie absichtlich zusammenzuhalten, damit beide in ihrer Fülle und Integrität gesehen werden können.

Die Fluidität und Durchlässigkeit von Leben und Tod anerkennen

Ein amerikanischer lutherischer Pastor hat geschrieben, dass der Tod unser Menschsein nicht auslöscht, sondern uns zu seiner Fülle führt: »Von den Toten auferweckt zu werden, bedeutet, Mensch zu werden - zum letzten Mal.« Er beobachtet, dass Gott sich der Menschheit immer weiter annähert, bis hin zu dem Punkt, dass er selbst Mensch wird und den Tod erfährt, um durch ihn eine dauerhafte und authentische Beziehung zu erreichen. Sie werden sich daran erinnern, dass Jesus, als er seine Jünger beten lehrte, ihnen sagte, sie sollten dafür beten, dass das Reich Gottes komme, nicht dafür, dass sie dorthin gingen. Unser Tod bedeutet also nicht das Ende unseres Menschseins, sondern vielmehr seine Erfüllung.[4]

[4] Josh W. Hoyum, «Becoming Human Again," 29. April 2022. https://www.1517.org/articles/becoming-human-again, Zugriff am 15. Februar 2023.

Aus der Heiligen Schrift, aus der Geschichte und aus unserem eigenen Leben wird deutlich, dass der Tod ein geheimnisvolles Paradoxon ist, mit dem wir alle rechnen müssen. Er ist zugleich Feind und Gnade, etwas, das bekämpft werden muss, und etwas, das akzeptiert werden muss. Bischof William Willimon schreibt: »Die Herausforderung besteht darin, über unser Sterben, all die großen und kleinen Verluste, all die Tode auf unserem Weg auf eine spezifisch christliche Weise nachzudenken... Die theologische Herausforderung besteht immer darin... Kreuz und Auferstehung zusammenzuhalten, Ehrlichkeit und Hoffnung in Spannung zu halten.«[5]

Der Tod ist nur eine der vielen Arten von Verlusten, die wir im Leben erfahren. Die Erfahrung von Trennung und Verlust ist etwas, womit wir bereits im Alltag umgehen, wenn wir an unsere menschlichen Grenzen stoßen: Grenzen der Zeit, Grenzen unseres Körpers, Grenzen unseres Verständnisses, Grenzen unserer Fähigkeit zu lieben und geliebt zu werden usw. Jeder Verlust oder jeder kleine Tod ist eine Gelegenheit, uns zu helfen, in unserem Verständnis des Todes mit einem großen D zu wachsen. Unser eigener Tod stellt in gewissem Sinne die letzte Begrenzung dar, in einem anderen die letzte Befreiung von unseren Begrenzungen.

Ehrlich sein

Über den Tod zu sprechen ist eines der »gegenkulturellsten« Dinge, die wir heutzutage tun können. Angesichts unserer Zurückhaltung, den Tod anzuerkennen, glaube ich, dass unsere erste und wichtigste Aufgabe darin besteht, einfach ehrlich zu sein. Ermutigen wir uns selbst, unsere Angehörigen und unsere Gemeindemitglieder, ehrlich zu sein und uns gemeinsam den Geheimnissen des Lebens und des Todes zu stellen. Als Einzelne möchten wir vielleicht offen mit unseren Angehörigen über unsere Hoffnungen und Ängste im Zusammenhang mit unserem eigenen Tod, über praktische Dinge und über unsere geistlichen Überzeugungen sprechen. Als Gottesdienstleiterinnen und -leiter haben wir die Wahl, welche Sprache wir verwenden, wenn wir von Tod und Sterben sprechen, und auf welche Weise wir dies in unseren Gemeinden ritualisieren.

Es ist besonders wichtig, mit Kindern, die sehr empfindlich darauf reagieren, wenn sie ignoriert oder belogen werden, klar zu sprechen. Es

---

[5] Andrew J. Weaver and Howard W. Stone (Hg.), Reflections on Grief and Spiritual Growth, Nashville 2005, 9.

ist wichtig, nicht auf Zehenspitzen um das Thema Tod herumzugehen, ihnen unsere eigenen Ängste aufzudrängen oder so zu tun, als sei es genau dasselbe wie schlafen. Es ist in der Tat kostbar, die Gelegenheit zu haben, 1) über die menschlichen Grenzen und Gefühle zu sprechen, 2) Gottes überwältigende und ewige Liebe zu feiern und 3) Mitgefühl, Fürsorge und Gemeinschaft vorzuleben.

Als Verantwortliche für das Wohlergehen der Kirchengemeinden können wir diese ehrlichen und bedeutungsvollen Gespräche mit einzelnen Gemeindemitgliedern, in Kleingruppen und während des Sonntagsgottesdienstes führen. Nach Stanley Hauerwas sollten Christen »einander die Wahrheit sagen und unser Leben in Gemeinschaften führen, in denen wir wissen, dass der Tod immer eine Möglichkeit ist«.[6]

Die Toten und die noch nicht Lebenden ehren

Ich kenne eine Reihe von Menschen, die befürchten, nach ihrem Tod vergessen zu werden. In einigen Fällen denke ich, dass es sich lohnen könnte, unseren Platz in der Welt zu überdenken und zu prüfen, warum und wofür wir in Erinnerung bleiben wollen. Was ist falsch daran, vergessen zu werden? Andererseits denke ich, dass die Beschäftigung mit unserem persönlichen Vermächtnis uns helfen kann, aus unserem eigenen Chronozentrismus auszubrechen. Zu Gottes Familie gehören nicht nur Menschen unterschiedlichen Geschlechts, verschiedener Ethnien und Nationalitäten, sondern auch Menschen aus allen Epochen – aus der Vergangenheit, der Gegenwart und der Zukunft. Wenn wir uns nur auf die Gegenwart konzentrieren, ignorieren wir den Platz unserer Vorfahren und die Erfahrungen unserer Ältesten. Es ignoriert auch unsere Verantwortung als Verwalter unserer Ressourcen (der Erde, des Wissens, der Traditionen, unserer eigenen Erfahrungen) für die kommenden Generationen. Wie können wir erwarten, dass sich künftige Generationen an uns erinnern werden, wenn wir nicht die Geschichten der vergangenen Generationen erzählen?

Sich den Himmel vorstellen

Es ist schwierig, den Tod positiv zu sehen, wenn wir keine Vorstellung davon haben, was der Himmel für uns bereithält. Allzu oft sind unsere

---

6 Stanley Hauerwas: Love, Suffering, and Theology, interview at Biola University, 27. Mai 2017. https://cct.biola.edu/love-suffering-theology/, Zugriff am 15. Februar 2023.

Vorstellungen unzureichend und sogar kontraproduktiv. Ich erinnere mich an den Moment, in dem mir klar wurde, dass mein Bild vom Himmel eine gründliche Renovierung benötigte. Ich saß in einem Bus auf dem Weg vom Flughafen zu einer theologischen Konferenz für junge Leute, und im Gespräch mit einem neuen Freund wurde mir plötzlich klar, dass meine Vorstellung vom Himmel aus blondhaarigen, hellhäutigen, Harfe spielenden Engeln bestand. Ich selbst habe weder blondes Haar noch helle Haut. Mein eigenes Bild vom Himmel schloss mich aus, ganz zu schweigen von 98 Prozent der Weltbevölkerung.

Neben der Anpassung unserer Bilder lohnt es sich, sorgfältig zu überlegen, was wir uns vom ewigen Leben erhoffen. Ich habe den Eindruck, dass viele von uns keine wirkliche Theologie für das Leben nach dem Tod haben und dass unsere einzige Erwartung darin besteht, mit geliebten Menschen wieder vereint zu sein. Was sagen uns die Schriften, Gebete, Hymnen und Predigten, die wir verfassen oder auswählen, über die Güte Gottes? Was lassen sie aus? Worauf können wir uns freuen, und wie können wir das feiern?

Sich Ziele setzen, um gut zu sterben

John Wyatt schreibt: »Wenn man fragt, wie sie gerne sterben würden, werden die meisten Menschen heute sagen: ›Ich möchte in meinem Bett sterben, während ich schlafe. Ich will keine Vorwarnung, keine Vorahnung, kein Bewusstsein. Ich möchte einfach nur plötzlich erlöschen, wie ein Licht.‹ Das Seltsame ist, dass, wenn man vierhundert Jahre zurückgeht und den Menschen dieselbe Frage stellt, sie im Allgemeinen darin übereinstimmen, dass der plötzliche, unerwartete Tod die schlimmstmögliche Art zu sterben ist. In die Ewigkeit katapultiert zu werden, ohne die Möglichkeit, um Vergebung zu bitten oder dafür zu sorgen, dass die Angehörigen versorgt sind, ohne die Möglichkeit, sich auf die Begegnung mit seinem Schöpfer vorzubereiten – was für eine schreckliche Art zu sterben.«[7] Er argumentiert, dass wir angesichts der »Übermedikalisierung« des Todes »Hilfe brauchen, um zu verstehen, wie wir wieder aktive Teilnehmer am Prozess des Sterbens werden können.«[8]

Ein gutes Sterben bedeutet nicht, eine Liste bestimmter Aufgaben abzuhaken oder bestimmte theologische Grundsätze zu verstehen. Der christliche Arzt John Dunlop stellt fest, dass »ein gutes Sterben selten

---

7 Wyatt, xvi.

8 A. a. O., 15.

ein Zufall ist. Vielmehr ist es das Ergebnis von Entscheidungen, die im Laufe des Lebens getroffen werden. Schließlich ist ein gutes Sterben nichts anderes als ein gutes Leben bis zum Ende«. Der Autor Rob Moll reflektiert: »Ein gutes Sterben erfordert mehr als praktische Fürsorge. Beziehungen müssen vervollständigt und manchmal geflickt werden, der Glaube muss genährt werden, Geschichten müssen erzählt werden. Es gibt Arbeit zu tun - die Arbeit, ein Leben zu vollenden. Es gibt Ziele zu erfüllen - wie das Schreiben einer Lebensgeschichte oder die Arbeit an einer Art Lebensrückblick, der an die nächsten Generationen weitergegeben werden soll. Es gilt, Abschied zu nehmen und mich geistig vorzubereiten.[9]

In seinem Buch führt Wyatt eine Reihe von Möglichkeiten auf, die ein gutes Sterben mit sich bringen kann:

1. Inneres spirituelles Wachstum: Wir lernen, über das oberflächliche Erscheinungsbild unseres Menschseins hinauszuschauen, um die spirituelle Realität und Schönheit zu erkennen, die darunter liegen.
2. Dankbarkeit: Dankbarkeit für das Leben, das uns geschenkt wurde, auch inmitten des Leidens.
3. Beziehungen heilen, aufbauen, feiern: im Frieden mit Gott und den wichtigsten Menschen in unserem Leben sein.
4. Vergebung finden: eine Gelegenheit, neu gemacht zu werden, eine »neue Schöpfung« zu werden.
5. Loslassen: Aufgaben loslassen, die ich nie vollenden werde, und Verantwortung, die ich nicht mehr tragen kann; akzeptieren, dass Gott die Kontrolle hat.
6. Ein Vermächtnis hinterlassen: ein Zeugnis unseres Glaubens an diejenigen weitergeben, die nach uns kommen (Briefe, besondere Segnungen, Gebete usw.).
7. Unsere Prioritäten neu ordnen: Überdenken, was in meinem Leben am wichtigsten ist.
8. Träume verwirklichen: Träume, die wir aufgeschoben haben, erkennen und verwirklichen.
9. Vorbereitung auf die Begegnung mit unserem Herrn und Erlöser: Doppelte Konzentration auf a) das, was Gott im gegenwärtigen Augenblick tut, und b) wie es sein wird, die Ziellinie zu überqueren.

---

9 A.a.O., 18-19.

Nach diesen Erkenntnissen bedeutet ein gutes Sterben nicht, dass mein Tod genau so eintritt, wie ich es mir wünsche (im Schlaf, ohne Schmerzen, ohne bleibende Krankheit usw.). Es bedeutet, dass ich mit der Art und Weise, wie ich mein Leben genutzt habe und wie sich mein Leben auf die Menschen um mich herum ausgewirkt hat, in Frieden bin.

Liturgische Möglichkeiten

Zum Schluss möchte ich noch einige liturgische Gelegenheiten ansprechen, die wichtige Anlässe sind, um Leben und Tod zusammenzuhalten, die menschliche Zerbrechlichkeit anzuerkennen und unser Zuhause bei Gott zu feiern. Ich werde keine bestimmten Texte, Lieder oder Gebete vorschlagen, sondern vielmehr einige Ideen und Werkzeuge anbieten, die Ihre eigene Gottesdienstplanung bereichern können. Ich habe das Heilige Abendmahl nicht vergessen, aber ich spreche es nicht gesondert an, vor allem, weil es die Geheimnisse des Lebens und des Todes bereits so reichhaltig ausfüllt. Unsere liturgischen und pastoralen Aufgaben könnten eher darin bestehen, die Aufmerksamkeit auf sie zu lenken.

Die Taufe

Normalerweise fällt es uns nicht schwer zu betonen, dass wir in der Taufe mit Christus auferweckt werden, aber was bedeutet es, in den Tod Christi getauft zu werden? Paulus schreibt in Römer 6: »Wisst ihr nicht, dass wir alle, die wir auf Christus Jesus getauft worden sind, auf seinen Tod getauft worden sind? Wir sind also mit ihm begraben worden durch die Taufe in den Tod, damit, wie Christus auferweckt worden ist von den Toten durch die Herrlichkeit des Vaters, auch wir in einem neuen Leben wandeln. Denn wenn wir mit ihm vereint sind in einem Tod wie dem seinen, so werden wir auch mit ihm vereint sein in einer Auferstehung wie der seinen.« Auch hier werden Leben und Tod zusammengehalten. Stanley Hauerwas schreibt, dass »die Taufe eine christliche Gemeinschaft zu einem Volk formen sollte, das weiß, dass der Tod real ist«.[10] Bei der Vorbereitung der Taufliturgie können wir uns diese beiden wichtigen Fragen stellen: Was hat die Taufe mit dem Tod Christi zu tun? Und was hat die Taufe mit unserem Tod zu tun?

---

10 Hauerwas-Interview, a. a. O.

Ein lutherischer Pfarrer schreibt:

> Es kommt darauf an, mit wem man begraben wird. Es spielt keine Rolle, wer man ist. Es spielt keine Rolle, was Sie getan haben. Es spielt keine Rolle, wann du geboren wurdest. Es spielt keine Rolle, woher du kommst. Es spielt keine Rolle, wie du heißt. Getauftes Kind Gottes – du wirst niemals allein begraben werden. Sie sind »mit ihm begraben worden in der Taufe, in der Sie auch mit ihm auferweckt worden sind durch den Glauben an das mächtige Wirken Gottes, der ihn von den Toten auferweckt hat« (Kolosser 2,12). Deshalb »ist euer Leben mit Christus in Gott verborgen« (Kolosser 3,3).[11]

Mein Vorschlag ist nicht unbedingt, bei einer Kindertaufe schockierende Hinweise auf den Tod einzubauen, wenn alle »christliche Niedlichkeit« erwarten. Es geht vielmehr darum, den gesamten Lebenszyklus des Getauften im Auge zu behalten und den Taufbund in seiner ganzen Fülle zu feiern.

Karfreitag

Wie ich bereits erwähnt habe, gibt es eine Reihe von Menschen, die den Karfreitagsgottesdienst meiden, weil er mit dem Tod verbunden ist. Ich habe sicherlich an einer Reihe von Karfreitagsgottesdiensten teilgenommen, bei denen ich meine Teilnahme bereut habe, sogar an einigen, die mich wirklich schockiert haben. In einer Kirche schlug der Organist, als der Pfarrer den Vers vorlas, in dem Jesus stirbt, mit den Händen auf die Tasten und erzeugte dabei ein furchtbares Geräusch, das mindestens eine ältere Frau vor Überraschung aufschreien ließ. Es stimmt, dass der Tod Jesu im Mittelpunkt der Liturgie steht, aber es gibt keinen Grund, den Gottesdienst blutig oder melodramatisch zu gestalten, und es gibt keinen Grund, den Gemeindemitgliedern jeden Alters übermäßige Schuldgefühle oder Herzensbeschwerden aufzuerlegen. Auch wenn es sich um eine traurige Geschichte handelt, ist das Ziel des Gedenkens nicht, dass wir uns schlecht und nutzlos fühlen. Selbst der Tod Christi kann ein Katalysator für positives Handeln sein. Der Karfreitag hat einen Reichtum, der verloren gehen kann, wenn wir zu schnell zu Ostern übergehen. Dieser Reichtum kann aber auch verloren gehen,

---

11 Daniel Emery Price, «Never Buried Alone," 31. März 2022. https://www.1517.org/articles/never-buried-alone, Zugriff am 15. Februar 2023.

wenn wir uns nur auf den Kummer und die Angst vor einem gewaltsamen Tod konzentrieren, anstatt Leben und Tod zusammenzuhalten. Positive Beispiele könnten sein:

- Wir können uns darauf konzentrieren, was zu Jesu Verhaftung und Tod führte. Warum waren die Menschen verärgert? Was hat Jesus getan, das so anders war? Gibt es andere Menschen, die verletzt oder getötet wurden, weil sie Gutes taten? Auf welche Weise bieten wir unser Leben als Antwort auf Gottes Ruf an uns als Jünger an?
- Wir können uns auf die Bedeutung des Kreuzes und die vielen verschiedenen Dinge konzentrieren, die es bedeuten kann, auf verschiedene Arten des Opfers (Zeit, Energie, Geld, Arbeit, Leben usw.).
- Wir können die Gefühle der Menschen als Reaktion auf den Tod Jesu untersuchen: Traurigkeit, Enttäuschung, Wut, Verwirrung?
- Es gibt keinen Grund, den schwierigen Fragen auszuweichen, sondern sie vielmehr zuzulassen: Warum hat Gott Jesus sterben lassen?
- Andere Themen: die Macht der Liebe gegenüber der physischen Macht; Vergebung; Gottes Gegenwart inmitten des Leidens; Jesu Beispiel der Fürsorge bis zum Ende.

Rituale, die mit dem Karfreitag verbunden sind, können zu unseren Ritualen für die Verarbeitung anderer Todesfälle werden und umgekehrt: Kerzen anzünden, singen, für andere beten, eine Mahlzeit einnehmen, Beileidskarten an die Familie Jesu schreiben, eine Grabrede verfassen usw.

Die Kraft des Karfreitags wirkt, wenn wir die drei Tage zusammenhalten! Wenn wir uns bewusst sind, was vorher war und was als Nächstes kommen wird. Das ist es, was wir wirklich zu tun versuchen: Leben und Tod zusammenhalten, um beide in ihrer Fülle zu sehen. Jesus ist gestorben, damit andere leben können... wie?

BEERDIGUNGEN

Beerdigungen sind oft eine heikle Gratwanderung zwischen zwei Extremen: entweder eine Feier der positiven Eigenschaften und Errungenschaften der Person oder eine Auferstehungspredigt, die die Besonderheit der Person ignoriert. Sie seind auch eine heikle Gratwanderung zwischen extremen Gefühlen von Freude und Trauer. Ein Pfarrer schreibt, er wolle nicht, dass der Trauerredner bei seiner Beerdigung sagt: »Wir sind nicht hier, um Chads Tod zu betrauern, sondern um sein Leben zu feiern.« Er fährt fort: »Sogenannte ›Lebensfeiern‹ erweisen den Trauernden einen schlechten Dienst, da sie den Tod leugnen oder beschönigen. Das Geschenk des Lebens kann nicht in vollem Umfang angenommen werden, wenn wir die Realität des Todes ignorieren.« Er schreibt weiter, er wolle nicht, dass der Amtsträger den Trauernden sagt: »Chad würde nicht wollen, dass wir weinen.«

Als Lazarus starb, weinte Jesus. Diese Tränen zeugen von einem Gott, der ganz und gar menschlich ist, der die Traurigkeit und den Kummer erlebt hat, die wir alle beim Tod derer empfinden, die wir lieben. Ich möchte, dass diejenigen, die meinen Tod betrauern, weinen, nicht um meinetwillen, sondern um ihrer selbst willen, denn das ist ein wesentlicher Bestandteil des Heilungsprozesses. Aber während sie weinen, sollen sie daran denken, dass Gott im neuen Himmel und auf der neuen Erde »jede Träne von ihren Augen abwischen wird; und der Tod wird nicht mehr sein, und Trauer, Geschrei und Schmerz werden nicht mehr sein« (Offenbarung 21,4).[12]

Es könnte hilfreich sein, die verschiedenen Funktionen einer Beerdigung zu betrachten (so wie alle Liturgien mehrere Funktionen oder Dimensionen haben):

1. Kerygmatisch: Jesus wird nicht (nur) verkündet, um den Trauernden Trost zu spenden, sondern um zu verkünden, dass er, nicht der Tod, der Herr ist.
2. Ekklesiologisch: Die Beerdigung erkennt die Rolle des Einzelnen als Teil des Leibes Christi an, eine Rolle, die nicht mit dem Tod endet.
3. Gedenkend: Gott hat die Gabe des Gedächtnisses gegeben. Die Trauernden müssen sich an die verstorbene Person erinnern und daran, wie sie ein Teil ihres Lebens war und weiterhin sein wird.
4. Doxologisch: Die Erinnerung daran, wie Gott im Leben des Verstorbenen gewirkt hat, kann Dankbarkeit und Lob hervorrufen. Wir preisen den Gott, der Leben schafft und wiederherstellt.
5. Bekennend: Wir bekennen gemeinsam unseren Glauben und unsere Hoffnung, was in Momenten des Verlustes eine zusätzliche Eindringlichkeit und ein Geheimnis bedeuten kann.

---

12 Chad Bird, Please Don't Say These Six Things At My Funeral, 11. Juli 2014. https://www.1517.org/articles/please-dont-say-these-six-things-at-my-funeral, accessed 15 February 2023.

6. Opferunggedanke: Wir bringen unseren Kummer und unsere Klage als Opfer dar und vertrauen auf Gott, selbst angesichts von Umständen, die wir nicht verstehen.
7. Eschatologisch: Beerdigungspredigten können schnell in Richtung Gericht abdriften. Es ist ein schmaler Grat zwischen der Ermutigung zu richtigen Beziehungen zu Lebzeiten und der Manipulation zerbrechlicher Emotionen, die zu Reue oder Umkehr führen sollen. Wir sollten unsere Absicht sehr bewusst reflektieren, wenn wir die Trauernden an ihre eigene Sterblichkeit erinnern.[13]

Das Leben Gott widmen

Im Laufe unseres Lebens gibt es Momente, in denen wir unser Leben Gott widmen oder in denen jemand anderes es an unserer Stelle tut. Taufe und Beerdigung kommen einem sofort in den Sinn, ebenso wie das Glaubensbekenntnis oder die Erneuerung des Taufgelübdes. Mit Ausnahme der Beerdigung, an der der Verstorbene nicht aktiv teilnimmt, reichen diese Rituale oft nicht aus, um das ganze Leben Gott zu übergeben. Sie mögen mir prinzipiell widersprechen, aber in der Praxis glaube ich nicht, dass diese Anlässe uns ermutigen, unser ganzes Leben zu überdenken und uns zu verpflichten, alle Aspekte des Lebens als Dienst zu leben, als ein Geschenk Gottes, das wir Gott zurückgeben. Römer 14,8 erinnert uns daran, wer und wessen wir sind, von wem unser Leben kommt und zu wem unser Leben zurückkehrt: »Denn wenn wir leben, so leben wir für den Herrn, oder wenn wir sterben, so sterben wir für den Herrn; ob wir nun leben oder sterben, wir gehören dem Herrn.«

Wenn wir glauben, dass unser Leben uns anvertraut wurde, dann sind wir als Verwalter aufgerufen, dieses Leben weise und für Gottes Zwecke zu nutzen. Niemand von uns hat sich seine Geburt ausgesucht, und nur wenige von uns wählen den Zeitpunkt oder die Art und Weise ihres Todes. Was wir wählen können, ist, unser Leben Gott zu weihen, sowohl unser Leben als auch unser Sterben. Im Lukasevangelium ruft Jesus kurz vor seinem Tod: »Vater, in deine Hände lege ich meinen Geist!« Das Wort »übergeben« bedeutet, dass man sich der Fürsorge und dem Schutz eines anderen anvertraut. Es ist ein Wort des Vertrauens und des Glaubens.«[14] Auch wir haben die Möglichkeit, unser Leben Gott mit Dank

---

13 John T. Pless, Funeral Preaching, 23. April 2023, https://www.1517.org/articles/funeral-preaching, Zugriff am 15. Februar 2023.

14 Wyatt, 107.

zu übergeben, und zwar nicht nur, wenn der Tod bevorsteht. Hier gibt es viele pastorale Möglichkeiten, die es auszuloten gilt. Im Rahmen der meisten Beerdigungen sind es die Familie, die Freunde oder der Pfarrer, die über das Leben des Verstorbenen sprechen und es Gott darbringen. Aber das ist etwas, was wir auch selbst tun können, entweder bei der Vorbereitung unserer eigenen Beerdigung oder (was noch interessanter ist) als Teil unseres persönlichen Glaubensweges und/oder innerhalb der Gemeinschaft der Gläubigen. Es können neue Liturgien geschaffen oder bestehende Liturgien angepasst werden, um eine Perspektive zu fördern, die zugleich tief und weit ist. Mit tief meine ich, dass wir verschiedene Bereiche unseres Lebens unter die Lupe nehmen: menschliche Beziehungen, die Beziehung zu Gott, Berufung und Beruf, spirituelle Praktiken usw. Mit weit meine ich, dass wir unser Leben in einer breiteren Perspektive betrachten, in Bezug auf unsere Familien, auf unsere Vorfahren und die kommenden Generationen, auf unseren Platz in der Welt um uns herum. Was ich zu fördern versuche, ist, pädagogisch ausgedrückt, eher eine Prüfung als eine Bewertung: ein Check-in, um zu sehen, wie wir vorankommen, und nicht ein Urteil über das, was wir getan haben. Ich würde mir wünschen, dass in den Liturgien nicht nur die historische Frage gestellt wird: »Wie steht es um deine Seele«, sondern auch, wie es um deine Arbeit, dein Spiel, deine Ruhe, deine ganze Menschlichkeit steht. Die Erneuerung des Wesley'schen Bundes zum Beispiel könnte für diese Zwecke aktualisiert werden.

Schlaf

In seinem Buch erinnert sich Wyatt daran, dass ihm aufgefallen ist, dass im Neuen Testament immer wieder vom Sterben als »Einschlafen« die Rede ist. Er fragt sich, ob, »unser himmlischer Vater uns in seiner barmherzigen Gnade erlaubt, jede einzelne Nacht unseres Lebens zu üben, wie es ist, im Glauben zu sterben, als Gläubiger und Nachfolger Christi zu sterben. Sie wissen genau, wie es sich anfühlt, in Christus zu sterben: Es ist wie Einschlafen. Ich habe versucht, mir dieses Gefühl vorzustellen, wenn man nach einem langen und anstrengenden Tag erschöpft und ausgelaugt ist und dann endlich das weiche Kopfkissen berührt. Und alles, was man tun muss, ist, sich dem Schlaf hinzugeben, weil man weiß, dass man sicher, geborgen und geschützt ist. Einschlafen ist nichts Seltsames oder Beängstigendes; es ist eine Erfahrung, die unser himmlischer Vater uns im Voraus schenkt, damit wir keine Angst haben müssen.«[15]

Ich habe einmal ein Gebet gelesen, in dem es in etwa hieß: »Oh Gott, hilf mir zu lernen, wie ich den Tag beenden kann, sonst weiß ich nicht, wie ich sterben soll.« Ich habe den Eindruck, dass es wichtig ist, diesen Akt der Hingabe unseres Lebens zu praktizieren, einen Tag nach dem anderen. Es hilft uns, unsere Grenzen zu erkennen, die Arbeit, die wir unvollendet lassen, unsere Hoffnungen und Sorgen und den gegenwärtigen Zustand unserer Beziehungen (wir sagen oft, dass wir die Sonne nicht über unserem Ärger untergehen lassen sollten). Wenn wir nicht in der Lage sind, Gott einen Tag anzuvertrauen, wie sollen wir dann unser ganzes Leben umkrempeln können, wenn es soweit ist? Ich habe oft Schwierigkeiten einzuschlafen, wenn ich den Tag nicht loslassen kann, wenn ich ständig darüber nachdenke, was ich noch nicht geschafft habe und welche Arbeit morgen ansteht. Diese nächtlichen Sorgen beeinträchtigen nicht nur meine Gesundheit und meine Arbeit, sondern auch die Qualität meiner Beziehungen zu mir selbst, zu meiner Familie und zu Gott.

Das Lied des Simeon in Lukas 2,29–32 wurde in der frühen Kirche schnell Teil der Abendliturgie. Es ist eine Möglichkeit, die abendliche Vorbereitungszeit auf den Schlaf zu nutzen, um uns auf den Tod vorzubereiten. Wie könnten uns nächtliche Rituale helfen, unser Leben täglich neu auf Christus auszurichten? Welche anderen pastoralen oder liturgischen Möglichkeiten könnten bestehen? Ich könnte mir vorstellen, Ressourcen für Andachtsübungen zu Hause anzubieten, aber auch regelmäßige oder gelegentliche Abendgottesdienste oder virtuelle Ressourcen, die Erwachsenen und Kindern gleichermaßen helfen, Gott die wachen Stunden des Tages ebenso anzuvertrauen wie unsere Verwundbarkeit in der Nacht.

Epilog

Märtyrertum

In einem Kapitel über Trauer und Trauern reflektiert Paschal Baumstein über die Gedanken des Heiligen Anselm zum Martyrium. Er schreibt:

---

[15] A. a. O., 122.

»Für diejenigen von uns, die ein relativ alltägliches Leben führen, mag der Weg der Märtyrer nicht sehr relevant erscheinen. Die Relevanz des Martyriums liegt jedoch nicht in der Tatsache, dass das Leben genommen wurde, sondern in den Märtyrern, die: 1. ihr Leben auf die Rückkehr zu Gott vorbereiteten und 2. sich dieser Rückkehr nicht widersetzten, als die Zeit gekommen war.«[16] Das ist unsere Lebensaufgabe, nicht wahr? Uns auf die Rückkehr zu Gott vorzubereiten.

Die Stadien des Sterbens

Wahrscheinlich kennen Sie die schweizerisch-amerikanische Psychiaterin Elisabeth Kübler-Ross und ihre fünf Phasen der Trauer, die ein Mensch mit einer unheilbaren Krankheit vor dem Tod durchläuft: Verleugnung, Wut, Verhandeln, Depression und Akzeptanz. Die Autorin Kathleen Dowling Singh hat diesen fünf Phasen noch drei weitere hinzugefügt: 1. Ein Sturz in die Dunkelheit, der an Verzweiflung grenzt; 2. eine Ergebenheit, die unsere anfängliche Akzeptanz in den Schatten stellt, und 3. ein Einbruch der Ekstase. Obwohl sie selbst Buddhistin ist, stellt Singh fest, dass »Jesus genau diese Phasen am Kreuz erlebte: einen Schrei der Verlassenheit, der wie Verzweiflung klingt, die Übergabe seines Geistes und die Ekstase, die ihm in seinem Tod zuteil wurde... Der Prozess des Sterbens kann für uns das tun, was ein tiefes Leben des Gebets und der Selbstlosigkeit für uns tun sollte, nämlich unseren Egoismus brechen und uns für das Reich des Geistes öffnen.«[17] Was ich besonders bemerkenswert finde, ist, dass diese drei Phasen (Verzweiflung, Ergebenheit und Ekstase) auch den traditionellen Phasen der evangelischen Bekehrung entsprechen. Das ist nicht wirklich überraschend, denn Bekehrung ist per Definition die Abkehr von einer alten Lebensweise hin zu einer neuen. Und doch finde ich die Ähnlichkeit verblüffend. Ich bin immer wieder erstaunt, dass Leben und Tod viel mehr miteinander zu tun haben, als wir gewöhnlich zugeben.

---

[16] Paschal Baumstein, To Mourn Beyond the Grief, in: Reflections on Grief and Spiritual Growth, Weaver and Stone (Hg.), 33.

[17] Fr. Ron Rolheiser, Kathleen Dowling Singh, RIP, 25. Oktober 2017. https://www.thebostonpilot.com/ opinion/article.asp?Source=PopularOpinion&ID=180616, Zugriff am 15. Februar 2023.

Soll ich den Clip zeigen oder nicht?

Die Rolle der Populärkultur im Gottesdienst erforschen[1]

Clive Marsh

Ich frage mich schon seit einiger Zeit, ob wir das Wort »Kirche« für Gebäude, in denen sich Menschen – nicht nur sonntags – zum Gottesdienst oder zu anderen religiösen Aktivitäten versammeln, ganz abschaffen sollten. Ich frage mich, ob wir unsere Gebäude nicht mit einem Namen versehen sollten, der für Menschen, die vielleicht wenig Verständnis oder Sympathie für die »Kirche« oder das Christentum aufbringen, ja sogar Angst davor haben oder ihnen feindlich gegenüberstehen, mehr Sinn ergibt. Ich schlage vor, dass wir die Kirchen in »Zentren der Sinnstiftung« umbennen.

Das ist natürlich nur halb ernst gemeint. Aber meine Besorgnis rührt daher, dass Kirchen oft als nicht sehr relevant oder bedeutsam für das tägliche Leben angesehen werden. Und doch weiß man, wenn man sich in ihnen aufhält: Was dort geschieht, kann das ganze Leben prägen. Wenn also Kirchen nicht als lebenswichtig für ein erfülltes Leben angesehen werden und nicht als Orte, die den Menschen helfen, Sinn zu entdecken oder zu finden, woran fehlt es dann dem, was Christen vermitteln?

Vielleicht würden wir die Kirchen nicht als »Zentren der Sinnstiftung« bezeichnen wollen, aber selbst wenn wir uns treffen, um Gott anzubeten, Christus zu begegnen und uns vom Heiligen Geist bewegen zu lassen, sind wir uns bewusst, dass die Entdeckung oder Erzeugung von Sinn für das ganze Leben genau das ist, worum es uns geht.[2] Ich

---

1 Vortrag beim International Worship Forum der EmK am 13.–16. Oktober 2022 in Stuttgart. Der Vortragsstil des auf Englisch gehaltenen Vortrags wurde beibehalten.

2 Die Rede von der »Entdeckung« von Sinn deutet auf die Überzeugung hin, dass es bereits einen Sinn im Leben gibt. Der Ausdruck »Erzeugung« deutet darauf hin, dass der Mensch die Bedeutungen, nach denen er lebt, selbst konstruiert. Die Theo-

vermute, dass viele der Praktiken, die den Aufbau von Gottesdiensten und die Nutzung der Populärkultur miteinander verbinden, aus diesem einfachen Grund entstanden sind.

Wir wollen in diesem Artikel untersuchen, was mit der Populärkultur im Gottesdienst geschieht und warum, und herausfinden, ob dies gute Praktiken sind oder ob wir sie anpassen müssen, um sie hilfreicher oder zweckmäßiger zu machen. Auf diese Weise, so schlage ich vor, können wir erkennen, wie und warum die Beschäftigung mit der Populärkultur dazu beitragen kann, dass Kirchen den Menschen helfen, einen Sinn zu entdecken oder zu finden. Eine solche Schlussfolgerung wäre also sowohl für den Gottesdienst als auch für die Mission von Bedeutung.

1. Worum geht es?

1.1 Wie hängen unsere alltäglichen Gewohnheiten mit dem zusammen, was im Gottesdienst geschieht?

Es ist eine ernüchternde Übung, etwa eine Woche lang ein detailliertes Tagebuch über all die Dinge zu führen, die wir tun. Ich lade die Leserinnen und Leser dazu ein, dies einmal zu tun. Die Ergebnisse sind in der Regel recht aufschlussreich. Neben den Routinen, denen wir folgen (Essen, Schlafen, Arbeiten, Einkaufen), zeigen sie etwas von unseren Leidenschaften und Verpflichtungen – manchmal auf eine Art und Weise, die uns auf den ersten Blick gar nicht bewusst ist: Wie viel wir fernsehen, wie viel wir Radio hören, wie viel wir im Internet surfen, wie viel Zeit wir mit unserem Telefon verbringen, wie viel Sport wir treiben oder anschauen. Neben Beruf und Familie können wir natürlich auch anderen Hobbys nachgehen (Stricken ist wieder groß im Kommen, wie es scheint!) und uns ehrenamtlich oder in der Gemeinschaft engagieren, wodurch wir mit vielen Menschen in Kontakt bleiben. Was auch immer diese Leidenschaften, Praktiken und Verpflichtungen sein mögen – und die Populärkultur ist mit ziemlicher Sicherheit irgendwo in der Liste zu finden –, wir stehen vor der Frage, wie diese zur Formung dessen beitragen, was wir

---

logie erkennt beide Formen in der Praxis an, akzeptiert aber eher als viele (anthropozentrische und manchmal atheistische) Formen der Postmoderne die Möglichkeit, dass es Bedeutungen gibt, die zu entdecken sind.

als Menschen sind, und wie wir indirekt von solchen Praktiken beeinflusst werden, wenn wir am Gottesdienst teilnehmen.

1.2 Was sollen wir mit Dingen tun, die wir im Alltag (zufällig oder freiwillig) sehen, hören, anschauen?

Vorausgesetzt, dass es eine Verflechtung, eine Vermischung von täglichen Gewohnheiten und Gottesdienst geben wird: Was sollen wir mit den Auswirkungen unserer täglichen und wöchentlichen Praktiken außerhalb des Gottesdienstes auf uns tun? Nichts? Sollen wir sie vor der Tür lassen? Sollten wir versuchen, Einflüsse abzuwehren, die als weltlich angesehen werden könnten, damit sie uns nicht zu sehr beeinflussen? Sollten wir eine bestimmte Auswahl treffen, was wir unter der Woche sehen und hören, damit unser Glaube nicht zu verwirrend wird? Sollten wir zum Beispiel eher christliche Radiosender hören als säkulare Nachrichtensender, damit wir ausdrücklich christliche Sichtweisen zu Themen erhalten, die in den Nachrichten behandelt werden?

So, wie wir unseren Verstand nicht vor der Tür lassen sollten, wenn wir uns zum Gottesdienst versammeln, können wir auch die Mischung aus Erfahrungen und Emotionen nicht zurücklassen, die mit dem einhergehen, was wir – medial gesehen – in unserem Leben außerhalb des Gottesdienstes konsumiert haben. Beachten Sie den Hinweis auf »zufällig oder freiwillig« in der obigen Zwischenüberschrift. Wir haben nicht immer die Kontrolle über das, was wir sehen und hören. Dies ist in dem Maße der Fall, wie das Internet seinen Einfluss auf unsere Lebensweise ausweitet.

1.3 Wie könnte sich dies alles auf uns auswirken?

Was könnte eine solche Verflechtung und Vermischung unserer Leidenschaften, Verpflichtungen und Gewohnheiten mit unserer Herangehensweise an den Gottesdienst und der Art und Weise, wie wir den Gottesdienst leiten (diejenigen von uns, die das tun) oder am Gottesdienst teilnehmen, zu tun haben? Die Musik, die wir hören, um ein einfaches Beispiel zu nennen, könnte wiederum zu bestimmten Erwartungen an das führen, was wir – in Bezug auf einen Musikstil – im Gottesdienst hören möchten. Ich habe im Laufe der Jahre viele Diskussionen darüber gehört, ob die zeitgenössische christliche Musik (CCM) musikalisch gesehen nur eine schwächere und weniger interessante Form der weltlichen Popmusik ist. Eine ausführliche Debatte über diese Frage ist nicht zielführend. Es geht darum, dass alle Formen von Musik, die für die

Glaubensentwicklung wirksam und hilfreich sind, respektiert und anerkannt werden sollten. Aber es kann kaum ein Zweifel daran bestehen, dass Musikstile bestimmte Erwartungen wecken. Drei Themen werden im weiteren Verlauf unserer Untersuchungen in den Vordergrund treten:

- wie dazu ermutigt werden kann, den Gottesdienst mehr als Unterhaltung zu gestalten und als solche genossen zu werden (und daher ist das Wort »genießen« zweideutig);
- die betonte Rolle, die emotionale Reaktionen im Gottesdienst spielen sollen;
- die hohen Erwartungen an die Qualität der Erfahrung (z. B. Ton- und Bildqualität; die Technik muss gut sein).

2. Was machen die Menschen derzeit mit der Populärkultur im Gottesdienst?

Meiner Erfahrung nach gibt es eine weit verbreitete Praxis der Verwendung einer Reihe von Materialien – visuell, musikalisch, filmisch – im kirchlichen Leben, einschließlich des Gottesdienstes. Der Gottesdienst ist natürlich ein besonderes und manchmal problematisches Beispiel christlicher Praxis, denn was wir in anderen Kontexten des Gemeindelebens (z. B. in Kleingruppen) zeigen oder abspielen, würden wir vielleicht nicht in den Gottesdienst aufnehmen. Aber auch wenn es viel zu erforschen gibt, was im Gottesdienst gezeigt oder gespielt werden darf, so ist es doch eine Tatsache, dass viel Material – religiöses und nicht religiöses – im Gottesdienst und in der christlichen Praxis verwendet wird. Betrachten wir einfach ein paar Beispiele und schauen uns an, was ihre Verwendung für uns bedeutet.

2.1 »Happy« – Pharrell Williams (2013)

Während ich diese Zeilen schreibe (Februar 2023), wurde das offizielle Video des Pharrell-Williams-Songs »Happy« bereits 1.097.180.365 Mal auf YouTube angesehen.[3] Der Hörgenuss ist ansteckend, und vielleicht haben nicht alle Hörer:innen das Video jedes Mal angeschaut, aber viele der über 1 Milliarde Menschen, deren Füße zu dem Song zu wippen begonnen haben, werden sich auch das Video mindestens einmal angesehen

3 https://www.youtube.com/watch?v=ZbZSe6N_BXs (Zugang am 10. Februar 2023).

haben. Der Song strahlt Freude aus. Aber das Video fügt dieser Freude eine weitere Dimension hinzu. Neben Williams selbst sind Dutzende anderer Personen und Gruppen zu sehen, die beim Singen und Tanzen zur Musik gefilmt wurden. Die Vielfalt der Sängerinnen und Sänger ist beeindruckend. Es ist die Vision einer glücklichen, menschlichen Gemeinschaft. Auf dieser Grundlage ist es nicht verwunderlich, dass das Video und das Lied in christlichen Kreisen und sogar in Gottesdiensten gut ankommen und verwendet werden. Die Musik schafft eine fröhliche Atmosphäre und signalisiert eindeutig etwas, das die Kirchen anstreben. Obwohl der Song nicht explizit christlich oder religiös ist (auch wenn ein Gospelchor im Video auftritt), sind seine Stimmung und Gefühle mit dem christlichen Glauben vereinbar. Die Betonung eines Aspekts dessen, was Kirchen anstreben, durch ein säkulares Stück populärer Musik gibt natürlich nicht das ganze Bild wieder. Kirchen sind Gemeinschaften, die nach der Wahrheit suchen, die Wahrheit sagen, Vergebung finden, Trost spenden und Trost geben. »Glück« und Erlösung sind nicht identisch – obwohl sie miteinander verbunden sind.[4] Aber es ist völlig verständlich, warum »Happy« – Lied und Video – in und von Kirchengemeinden verwendet werden.

2.2 Die Erlösung der Shawshanks (1994)

The Shawshank Redemption (Die Verurteilten) ist ein Film, auf den seit Jahrzehnten immer wieder Bezug genommen wird, der erforscht wird und dessen Ausschnitte in christlichen Gruppen gezeigt werden, wenn auch nicht in Gottesdiensten. Obwohl er einen theologisch relevanten Begriff im Titel enthält, ist er kein religiöser Film im eigentlichen Sinne. Tatsächlich gibt es einen Handlungsstrang, der sehr kritisch gegenüber religiöser (insbesondere christlicher) Heuchelei ist. Dieser kraftvolle Film, der auf einer Novelle von Stephen King basiert, erlangte seine »quasi-religiöse« Funktion eher durch die Veröffentlichung auf Video und dann auf DVD als durch den Kinostart.[5] Es handelt sich um einen

---

[4] Dies wird untersucht in Clive Marsh, A Cultural Theology of Salvation, Oxford, Oxford University Press, 2018 und viel knapper in What is Salvation For? Exploring the Human Experience of God's Saving Work, Cambridge, Grove Books, 2021.

[5] Die Erzählung Rita Hayworth and Shawshank Redemption wurde zuerst in einer Sammlung von Erzählungen (Different Seasons) veröffentlicht, ist aber jetzt als eigenständiger Band erhältlich, New York, Scribner 2020. Mark Kermode untersucht die quasi-religiöse Funktion und Wirkung des Films in The Shawshank Redemption, London, British Film Institute, 2003.

Film über einen Gefängnisausbruch, wobei der religiös bedeutsamste Teil des Films nichts mit dem Ausbruch selbst zu tun hat. Im Mittelpunkt steht die Beziehung zwischen den beiden Häftlingen Andy Dufresne (Tim Robbins) und Ellis Boyd Redding (Morgan Freeman). Die Entlassung von Ellis Boyd Redding nach zwei erfolglosen Bewährungsanhörungen und schließlich eine erfolgreiche Anhörung nach vierzig Jahren Haft sind der Anlass für die Zuschauer, sich selbst in dem Film zu sehen. Der Zusammenschnitt der drei Bewährungsanhörungen dauert nur 4 Minuten und 31 Sekunden und komprimiert diesen starken Handlungsstrang zu einem sehenswerten Clip.[6]

Die meisten Zuschauer werden sich natürlich keiner kriminellen Handlung schuldig gemacht haben. Aber die Erfahrung von »Red« lädt die Zuschauer dazu ein, über ihre eigene Reue nachzudenken, über ihr eigenes Bedürfnis, in ihrem Leben positiv auf Dinge zu reagieren, von denen sie wünschten, sie hätten sie in ihrem früheren Leben nicht getan. Wenn dies mit der Suche nach und dem Erhalt von Vergebung verknüpft ist, findet es bei den Zuschauern besondere Resonanz, auch wenn dies nicht zwangsläufig für die Erfahrung aller ist. Aber auch hier ist es kaum verwunderlich, dass sich sowohl der Film als auch seine tatsächliche Funktion und Wirkung auf die Zuschauer als religiös bedeutsam erwiesen haben.

Die Frage, ob auch allein die Rahmenhandlung im Gottesdienst gezeigt werden sollte, wirft jedoch wichtige Fragen auf. Als Teil eines Films, der Gewaltszenen enthält, wirft sie die Frage auf, mit welcher Sorgfalt zu klären ist, ob ein Film als Ganzes den Gemeinden empfohlen wird (und wenn ja, für welche Altersgruppen). Darüber hinaus enthält die abschließende Bewährungsanhörung (am Ende des 4-minütigen und 31-sekündigen Clips) grobe, gesellschaftlich nicht akzeptable Sprache. Obwohl der Film im Kontext der Handlung und der Lebenssituation der Figuren durchaus angemessen und aussagekräftig ist, könnte seine Verlegung in den Gottesdienst erfordern, dass eine Gemeinde auf seine Verwendung vorbereitet wird. Wir werden auf diesen Punkt zurückkommen, wenn wir uns mit der Sorgfalt befassen, die bei der Verwendung von Beispielen aus der Populärkultur oft erforderlich ist.

---

6 https://www.youtube.com/watch?v=cGo5rXUAH2o (Zugang am 10. Februar 2023).

2.3 »Dido's Lament« (1688) – aufgeführt von Annie Lennox (2020)

Ein drittes Beispiel ist wieder Musik, diesmal jedoch ein altes Musikstück (aus dem Jahr 1688), das in der Gegenwart wiederverwendet wird. In gewisser Weise handelt es sich um eine einfache Aufführung eines klassischen Musikstücks. Aber die Interpretin (eine Sängerin populärer Musik, Annie Lennox), das Format (ein YouTube-Video), der Kontext (von Lennox online mit einem Chor während einer Covid-19-Sperrung aufgenommen) und der Verwendungszweck (um auf die Klimakrise aufmerksam zu machen und die Arbeit von Greenpeace zu fördern) machen es für unsere Aufgabe relevant.

»Dido's Lament« ist eine Arie aus Henry Purcells Oper »Dido and Aeneas«. Sie wird im Rahmen der Oper von Dido am Ende ihres Lebens gesungen, als Aeneas Karthago verlässt, bevor sie Selbstmord begeht. Es ist ein tief bewegendes Musikstück. Solche Details der römischen Literatur werden vielen Zuhörer:innen nicht bekannt sein, die eher vom Klang der Musik gefesselt sind, wenn sie sie außerhalb des Opernkontextes hören. Auch ist der Hintergrund in der klassischen Welt nicht notwendig, um die Schönheit der Musik zu schätzen. Es geht hier um die Frage, ob die Verwendung der Musik im Kontext des christlichen Gottesdienstes das »Ausklammern« (oder Ignorieren) des Kontextes und des Hintergrunds der Musik verkraften kann. Der Refrain des »Gedenke meiner« in der Arie könnte eine Erklärung erfordern. Ich habe die Erfahrung gemacht, dass viele Gemeindemitglieder bei Musik mit Text, die im Gottesdienst verwendet wird, immer gerne den Text wissen wollen (als ob es immer nur auf den Text ankäme). »Dido's Lament« ist jedoch ein Beispiel für ein Stück mit Text, das in einem bestimmten Moment des Gottesdienstes eine bestimmte Stimmung erzeugen kann, ohne dass es von Bedeutung zu sein scheint, woher es stammt oder was die Worte bedeuten. Im Kontext der Fürbitten kann es zum Beispiel eine Atmosphäre trauriger Besorgnis schaffen. Die Worte »Gedenke meiner« werden zu einer allgemeinen Aufforderung und fast zu einem klagenden Echo, das die Gemeinde auffordert, sich des Leids um sie herum anzunehmen. Und angesichts der aktuellen Verknüpfung dieser speziellen Version mit einer politischen, aktivistischen Gruppe (Greenpeace) lädt sie bereits zu einer Resonanz auf aktuelle Themen ein.[7]

---

7 Es wird allgemein behauptet, dass die Kanzel kein Ort für Politik ist. Diese Behauptung ist nur schwer in vollem Umfang aufrechtzuerhalten, da Gottes Sorge um das Wohlergehen der Menschen und des Planeten unweigerlich die Beachtung der

2.4 Über die Beispiele hinaus

Die oben genannten Beispiele sind drei von Tausenden, die Gottesdienstleiterinnen und -leiter in ihren Gottesdiensten verwenden könnten. Zu diesen Beispielen ließen sich noch viele weitere Lieder, Musikvideos, Filmclips und Ausschnitte aus Fernsehspielen hinzufügen. Einige mögen einwenden, dass solche Beispiele nicht verwendet werden sollten, da keines davon offenkundig christlicher Herkunft ist. Andere könnten sich fragen, was die ganze Aufregung soll, da es sich doch um wichtige Anknüpfungspunkte an das Alltagsleben der Menschen handelt. Wieder andere könnten den Wert solcher Verbindungen anerkennen, aber ein wenig vorsichtig sein, ob und wie man solches Material nutzen sollte. Wir müssen also ein bisschen tiefer graben.

3. Warum tun Sie (wir!) das?

3.1 Verbindungen schaffen/Gemeinden ermöglichen, Verbindungen zu schaffen

Einer der Hauptgründe, warum wir im Gottesdienst auf populäre Alltagskultur zurückgreifen, besteht darin, Verbindungen herzustellen. Wir wollen zeigen, dass Gott im täglichen Leben präsent ist und dass die Dinge, die uns im Alltag passieren und die sich oft in der Kultur, die wir sehen und hören, widerspiegeln, mit unserem Glauben zu tun haben. Wir versuchen, Menschen daran zu erinnern, dass trotz des Unterschieds zwischen der gottesdienstlichen Praxis und der Praxis der Arbeit, der Freizeit oder des Zusammenseins mit Freunden und Familie, das, was »hier drinnen« (in der Kirche) vor sich geht, in direktem Zusammenhang mit dem steht, was »da draußen«, im übrigen täglichen Leben, geschieht.

Manchmal wird gesagt, dass der Gottesdienst eine Art Flucht aus dem Alltag ist – und das stimmt bis zu einem gewissen Grad auch. Die Flucht kann jedoch zwei Formen annehmen: eine negative (ein Widerstreben, sich der Welt »da draußen« zu stellen) oder eine positive – eine Flucht in Form eines Beiseitetretens, eines Rückzugs, eines Wiederau-

---

politischen Dimensionen des Glaubens erfordert (wie Menschen wählen, wie Entscheidungen über die Verteilung von Ressourcen getroffen werden). Gewöhnlich ist damit gemeint, dass Prediger in einer Predigt keine bestimmte politische Partei empfehlen sollten, und das scheint angemessen.

fladens der Batterien. Offensichtlich hofft man, dass der Gottesdienst eine Form der Flucht im letztgenannten, positiven Sinne ist. Aber so oder so ist das Auftauchen der Populärkultur im Gottesdienst ein Versuch, die Kontinuität zwischen Gottesdienst und Alltagsleben zu verdeutlichen, indem Verbindungen hergestellt werden. Sie kann auch dazu genutzt werden, die verschiedenen Kulturen und Ethnien in einer Gemeinde zu repräsentieren oder die Menschen an die Kulturen und Ethnien zu erinnern, die uns umgeben, auch wenn sie nicht in der Kirche sind.

3.2 Zeitgemäss und relevant sein

Wenn jedoch gezeigt werden kann, dass der Gottesdienst wirklich mit dem Alltag verbunden ist, könnte ein Nachteil darin bestehen, dass der Gottesdienst und der Glaube als relevant dargestellt werden. Auch Relevanz kann nämlich gute und schlechte Formen annehmen. Relevanz ist ein entscheidender Gesichtspunkt in dem Sinne, dass wir zwar Handlungen vollziehen, die - weil sie von Gott sind und sich auf Gott beziehen - als Umgang mit zeitlosen Wahrheiten angesehen werden können, ein gottesdienstlicher Akt jedoch immer etwas Besonderes ist. Er ist ein besonderer Akt für eine bestimmte Gruppe von Menschen an einem bestimmten Ort und zu einer bestimmten Zeit. Wie können wir dann nicht um seine Relevanz besorgt sein? Wenn derjenige, der predigt, nicht versucht, das Wort Gottes für jetzt, hier, für diese Menschen auszulegen, dann ist das keine gute Predigt. Es ist also verständlich, wenn die Verwendung von Populärkultur im Gottesdienst dieses Anliegen der Relevanz aufgreift.

Relevanz und Unmittelbarkeit können uns jedoch manchmal von dem ablenken, woran Gott uns regelmäßig erinnert. Zeitlose Wahrheiten erheben sich über bestimmte Momente und lösen sich von ihnen ab, auch wenn sie immer nur in bestimmten Momenten Gestalt annehmen. Es gibt niemals eine reine Theologie oder eine völlig kontextlose Version des christlichen Glaubens. Aber jede Art von Rede über Gott - wenn sie wirklich von Gott ist - wird nicht gänzlich an den Kontext gebunden sein. Wir müssen also vorsichtig mit der Relevanz sein, damit wir nicht das Besondere, das Konkrete und vor allem unsere eigene besondere Erfahrung vergöttern. Es gibt ein schönes Zitat des britischen anglikanischen Theologen William Ralph Inge, das uns daran erinnert: »Wer den Zeitgeist heiratet, wird im nächsten Jahr Witwer sein«.[8]

---

8 Eine veröffentlichte Version dessen, was Inge zum ersten Mal (1911) sagte oder

3.3 Emotionen anregen oder eine bestimmte emotionale Stimmung erzeugen

Ein dritter Grund, warum wir Populärkultur im Gottesdienst verwenden, ist die Stimulierung von Emotionen. Viele andere Aspekte jeder gottesdienstlichen Handlung tun dies ebenfalls. Ich erhebe nicht den Anspruch, Populärkultur sei besonders erfolgreich. Ich erkenne lediglich an, dass dies eine Möglichkeit ist. Und aufgrund der beiden vorangegangenen Punkte könnte man argumentieren, dass es besonders hilfreich ist, Populärkultur zu nutzen, wenn es in den Gemeinden Menschen gibt, die vielleicht nicht so leicht Anknüpfungspunkte mit, sagen wir, traditionellen Hymnen oder Kirchenmusik im Allgemeinen finden.

Musikwissenschaftler sprechen in Bezug auf Musik von »Stimmungsmanagement« und erkennen an, dass wir als Individuen bestimmte Musikstile wählen, die zu unserer bereits vorhandenen Stimmung passen oder uns helfen, aus einer Stimmung in eine andere zu kommen.[9] Nicht anders verhält es sich, wenn wir als Lobpreisleiter:innen an bestimmten Stellen eines Gottesdienstes Musik (oder Filmausschnitte) auswählen. Ein solches Stimmungsmanagement prägt den Gottesdienst. Es kann natürlich auch negativ als Manipulation einer Gemeinde gesehen werden. Auch hier ist also Vorsicht geboten, und entsprechend ist es angebracht, darüber zu entscheiden, was in den Gottesdienst integriert werden soll, um dem zu entsprechen, was die Anwesenden zu einem bestimmten Zeitpunkt in einem Gottesdienst von Gott hören sollen. Und die Populärkultur kann für diese Aufgabe genutzt werden.

3.4 Einen Punkt oder ein Thema illustrieren oder betonen

Viertens und letztens – und das ist das Offensichtlichste – kann die Populärkultur genutzt werden, um eine Aussage zu machen. So wie in einer Predigt eine Geschichte verwendet werden kann, um etwas zu veranschaulichen, was der Prediger vermitteln will, so kann auch ein Lied, ein Fernsehclip, ein Kunstwerk oder ein Filmausschnitt zur Veranschau-

---

schrieb, erschien erst 1949. Dort erschien der Spruch: »Heirate den Geist deiner eigenen Generation und du wirst in der nächsten ein Witwer sein« in The Diary of a Dean, London, Hutchinson & Co, 1949.

[9] Tia DeNora, Music in Everyday Life, Cambridge, Cambridge University Press, 2000, ist hier hilfreich. Vaughan S. Roberts und ich haben ihre Arbeit in Personal Jesus. How Popular Music Shapes Our Souls, Grand Rapids, Baker Academic, 2012, benutzt.

lichung verwendet werden, um in anderer Form zu vermitteln, was der Leiter des Gottesdienstes oder die Predigerin zu sagen versucht. Hier ist jedoch (und das ist vielleicht seltsam) die größte Vorsicht geboten. Musik und Film liefern nicht immer einfache, geradlinige Pointen. Werke der Kunst und der Populärkultur müssen von denjenigen, die sie rezipieren, interpretiert werden. Und deshalb sagen sie vielleicht nicht immer das, was Prediger oder Gottesdienstleiterinnen gerne hören möchten. Die illustrative Nutzung der Populärkultur (oder der Kunst im Allgemeinen) ist also mit Schwierigkeiten behaftet. Das bedeutet keineswegs, dass wir sie nicht verwenden sollten. Wir müssen nur sehr vorsichtig sein.

Die Verwendung von »The Shawshank Redemption« ist ein gutes Beispiel. »Erlösung« (redemption) klingt so, als ob der Film offensichtlich etwas mit Glauben und Theologie zu tun hat, wenn auch auf indirekte Weise. Die Ironie besteht darin, dass Erlösung in den Ausschnitten der drei Bewährungsanhörungen nicht erwähnt wird. Die Diskussion dreht sich eigentlich um Rehabilitation. Es kann also immer einen Konflikt geben zwischen dem, was in den Clips tatsächlich gesagt wird, und dem, was wir vielleicht sagen wollen.

Das soll wiederum nicht heißen, dass Clips nicht verwendet werden sollten. Aber im Fall von »The Shawshank Redemption« zeigt sich, dass der Film die Menschen in vielerlei Hinsicht bewegt, vor allem, weil er in den Zuschauern das Bedürfnis weckt, sich mit der Erinnerung an Dinge zu befassen, die sie bedauern, und sie so zu Handlungen führt, die mit der Vergebung vergangenen Unrechts zu tun haben. Es ist jedoch nicht vorhersehbar, ob die Reaktionen alle gleich ausfallen werden.

3.5 … damit Gott sich zeigen kann!

Es gibt hier noch eine fünfte Überschrift, die ich als Zusammenfassung verwenden möchte. Sie ist keine Ergänzung zu den ersten vier, sondern eine Möglichkeit, die Formen zu verstehen, in denen und durch die Menschen die Gegenwart Gottes entdecken und ihr begegnen können. Ich drücke die Dinge hier natürlich sehr locker aus. Gott ist bereits da und mit uns im Gottesdienst und braucht keine Einladung, um aufzutauchen. Und wir können natürlich nichts tun, um Gott zu zwingen, sich zu zeigen. Aber bei der Gestaltung des Gottesdienstes geht es darum, dass die Gegenwart Gottes wahrgenommen, genossen und erfahren werden kann. Wir haben also die Verantwortung, bei der Gestaltung eines Gottesdienstes darüber nachzudenken, wie diese Gruppe von Menschen an diesem besonderen Ort und zu dieser besonderen Zeit in die Lage versetzt wird, dem lebendigen Gott zu begegnen. Alle Entscheidungen, die wir in Bezug auf die Nutzung der Populärkultur treffen, müssen sich daher auf diese grundlegende Absicht beziehen.

4. Was sollen wir von all dem halten?

Wenn man nun bedenkt, dass diese Praxis der Verwendung von Populärkultur im Gottesdienst stattfindet, und zwar mit Zwecken der Art, die ich gerade beschrieben habe, was sollen wir dann von all dem halten? Es ist wahr, dass nicht alle diese Praxis begrüßen, und selbst wenn wir sie für eine gute und willkommene Praxis halten, ist sie nicht ohne Schwierigkeiten. Lassen Sie uns also die Dinge etwas genauer untersuchen. Lassen Sie uns zunächst einige negative Aspekte der Nutzung der Populärkultur betrachten.

4.1 Gottesdienst als Unterhaltung

Darf der Gottesdienst unterhaltsam sein? In gewisser Weise ist er das natürlich! Anbetung soll in dem Sinne Spaß machen, dass Gott uns erhebt, und das ist eine gute Sache. Aber einer der häufigen Verdachtsmomente gegen die Nutzung der Populärkultur ist, dass sie dazu beiträgt, den Gottesdienst in Unterhaltung zu verwandeln.[10] Bei der Anbetung geht es aber nicht nur um Vergnügen.[11] Der Gottesdienst enthält neben der Freude auch andere Elemente: das Bekenntnis zu einem Fehlverhalten zum Beispiel, das es ermöglicht, die mit der Vergebung verbundene Freude umso mehr zu empfangen. Aber auch wenn die Populärkultur nicht nur dazu dient, Freude oder Zufriedenheit hervorzurufen, ist es unwahrscheinlich, dass sie im Rahmen des Gottesdienstes dazu

[10] Die gleiche Kritik wird natürlich manchmal auch an der zeitgenössischen christlichen Musik geübt, weil sie – wenn auch nicht inhaltlich, so doch stilistisch – einfach die Genres der populären weltlichen Musik kopiert.

[11] Es ist schwer zu bestreiten, dass sie angenehm im Sinne von erhebend sein kann und wohl auch immer sein sollte, und dass sie eine positive, lebensverbessernde Erfahrung darstellt. Aber was »erhebend und lebensfördernd« ist, kann viele verschiedene Formen annehmen. Ein interessantes Beispiel aus jüngster Zeit ist die Art und Weise, in der das Vaterunser jetzt oft in öffentlichen Gottesdiensten gesprochen wird: »Verwenden Sie die Form oder Sprache, mit der Sie sich am wohlsten fühlen«. Die Annahme, dass wir uns im Gottesdienst »wohlfühlen« oder nur wohlfühlen sollten und sonst nichts, sollte sicherlich in Frage gestellt werden.

dient, zu schockieren oder zu erschrecken. Sie könnte provozieren oder zum Nachdenken anregen, aber ihr Einsatz wird mit ziemlicher Sicherheit darauf abzielen, bei den Gottesdienstbesuchern positive Emotionen hervorzurufen und auf irgendeine Weise einen »Wohlfühlfaktor« zu erzeugen. Daher müssen die Gottesdienstleiter darauf achten, dass der Gottesdienst nicht zur Unterhaltung wird.

4.2 Missbrauch von Beispielen aus der Populärkultur

Ein zweiter negativer Aspekt ist, dass wir Clips verwenden oder Lieder auf eine Art und Weise spielen, die nicht dem entspricht, was die Regisseure oder Komponisten sagen wollten. Mit anderen Worten, wir können Beispiele aus der Populärkultur verdrehen und verzerren oder beschneiden, um eine Aussage zu machen, die wir machen wollen. Selbst wenn wir die Tatsache berücksichtigen, dass mehrere Bedeutungen von Kunst- und Kulturwerken möglich sind, können wir der Person, die ein Werk geschaffen hat, oder dem Werk selbst untreu werden, wenn es klar ist, dass die möglichen Bedeutungen eines Liedes oder eines Films eingeschränkt sind. Es ist vielleicht zu einfach zu sagen, dass wir »die Kunst wirken lassen« müssen, da es vielleicht nicht eine einzige, offensichtliche Bedeutung gibt. Aber wir müssen uns davor hüten, einfach zu sagen: »Das möchte ich mit diesem Lied ausdrücken« oder »Das möchte ich mit diesem Filmclip ausdrücken« (gerade wenn ich weiß, dass er das nicht ganz aussagt!).

4.3 Ungünstige Verwendung von Beispielen aus der Populärkultur

Damit verbunden ist die Tatsache, dass selbst wenn wir Beispiele aus der Populärkultur getreu ihrer bekannten oder möglichen Bedeutungen verwenden, dies nicht unbedingt bedeutet, dass wir sie gut einsetzen. Wir können z. B. einen Filmausschnitt verwenden, der bestimmte Emotionen hervorrufen soll, aber weil er uns so vertraut ist, unterschätzen wir möglicherweise die emotionale Wirkung auf eine Person, die ihn zum ersten Mal sieht. Dadurch könnte die Beteiligung Einzelner oder sogar einer ganzen Gemeinde am Gottesdienstfluss gestört werden.

4.4 Beachten Sie die notwendige Vorbereitung!

Dies führt zu einem vierten möglichen negativen Aspekt der Verwendung von Populärkultur im Gottesdienst – obwohl dies in vielerlei Hinsicht einfach eine Anweisung für jeden von uns ist, der solche Beispiele verwenden möchte: Nehmen Sie sich Zeit für die Vorbereitung. Wir sollten ein Beispiel nicht im letzten Moment einbauen, weil es für uns etwas bedeutet, das der Aussage, die wir machen wollen, oder dem Schwerpunkt des jeweiligen Teils des Gottesdienstes, in dem wir es verwenden, in etwa entspricht. Wir müssen sorgfältig über die Verwendung nachdenken und alle Möglichkeiten abwägen, wie es aufgenommen werden kann.[12]

Neben diesen Vorbehalten bei der Verwendung von Populärkultur haben wir jedoch auch einige gute Gründe gesammelt, warum die Verwendung von Populärkultur im Gottesdienst positiv sein kann.

4.5 Verbindungen zwischen Gottesdienst und Alltagsleben sind wichtig

Die Verbindungen, die zwischen dem Gottesdienst und dem täglichen Leben hergestellt werden können – wenn sie gut geschmiedet sind und auf eine Art und Weise geschehen, die der verwendeten Populärkultur entspricht – sind wirklich wichtig. Diese hilfreichen Verbindungen ermöglichen es den Menschen, zu erkennen, dass der Glaube zum Leben gehört, die Lebenspraxis beeinflusst und von der Lebenserfahrung geprägt ist. Ich wehre mich gegen das, was ich »God-spotting« in einer einfachen, faulen Art nenne. Damit meine ich, dass wir uns davor hüten müssen, nur dann Glaubenszusammenhänge zu sehen, wenn wir im täglichen Leben und in unserem Konsum der populären Kultur etwas beobachten, das mit dem übereinstimmt, was wir bereits über Gott zu wissen glauben. Wie sonst könnte Gott uns durch unser tägliches Leben herausfordern? Aber wir müssen davon ausgehen, dass es Berührungspunkte – in beide Richtungen – zwischen Gottesdienst und täglichem Leben gibt, und unsere Teilnahme an und unser Konsum von Populärkultur ist ein entscheidender Teil dieses täglichen Lebens.

4.6 Populärkultur kann affektiv und kognitiv sinnvoll genutzt werden

Zweitens können wir akzeptieren, dass die Populärkultur sowohl in unserem Gefühlsleben – und in unseren emotionalen Reaktionen auf die Populärkultur – als auch in unserem Denken, das durch das, was wir sehen oder hören, angeregt wird, unseren Glauben beeinflusst. In Bezug

---

[12] Es ist auch wichtig, die Version des verwendeten Liedes oder Filmclips genau zu prüfen: Wie lang ist er? Kann es sein, dass vor dem Clip Werbung erscheint, wenn ich eine YouTube-Version verwende? Kann ich die Verwendung des Clips kontrollieren oder brauche ich jemanden, der mir hilft?

auf den Gottesdienst bedeutet dies, dass wir uns darüber im Klaren sein müssen, wie wir die von uns gewählten Beispiele verwenden (versuchen wir, die Menschen emotional zu bewegen? Versuchen wir, sie zum Denken anzuregen?). Beide Dimensionen des Lebens können in der Art und Weise, wie wir die Populärkultur nutzen, konstruktiv angesprochen werden. Und manchmal kann das eine auch zum anderen führen. Sehr oft der Fall wirkt Musik oder Film in erster Linie und zunächst über die Emotionen, und die kognitive Wirkung – jegliches Denken, das daraus resultiert – kommt später, als ein Prozess der Reflexion über eine emotionale Erfahrung. Film und Musik gehen uns als Kunstformen oft zuerst »auf den Magen«. Auch hier ist also Vorsicht geboten. Aber der Punkt ist, dass beide Aspekte des Lebens durch die Populärkultur positiv angesprochen werden.

4.7 Beispiele aus der Populärkultur können jede Altersgruppe ansprechen

Es ist interessant, dass einige der aussagekräftigsten Beispiele für den wirkungsvollen Einsatz der Populärkultur im Gottesdienst aus Familien- und sogar Kinderfilmen stammen.[13] Dies ist hilfreich, um uns daran zu erinnern, dass die Populärkultur jede Altersgruppe ansprechen kann. Natürlich müssen wir bei der Verwendung der Populärkultur darauf achten, dass wir nicht den Eindruck erwecken, der Glaube sei ein Kinderthema (als ob man aus ihm herauswachsen könnte!). Ich habe oft gehört, wie Menschen im kirchlichen Leben sagten, dass die Beschäftigung mit Filmen oder populärer Musik »für die jungen Leute« sei. Nein, jede Altersgruppe kann durch geeignetes Material angesprochen werden. Aber wir müssen, wie gesagt, vorsichtig sein, was wir auswählen, weil Filme, Fernsehsendungen oder Musik für bestimmte Zielgruppen gemacht sind. Der Punkt ist, dass es Material gibt, das verschiedene Altersgruppen ansprechen kann, und dass wir, wenn wir Material verwenden, um eine sehr heterogene Altersgruppe, einschließlich Kinder, anzusprechen, herausfinden müssen, wie wir etwas zugänglich machen können. Es

[13] Clips und Musik aus Shrek (2001), Toy Story (1995), Toy Story 2 (1999), Up (2009) und aus einer Reihe früherer Disney-Filme (auch wenn letztere wegen der inzwischen bekannten Stereotypisierung der Figuren oft mit Vorsicht zu genießen sind) werden häufig in christlichen Kontexten zitiert und verwendet. Das Lied »Happy« erschien erstmals in Despicable Me 2 (2013).

gilt, Wege zu finden, damit ein Musikbeispiel oder ein visueller Clip auf vielen Ebenen funktionieren kann.

5. ZUSAMMENFASSUNG

5.1 DIE VERWENDUNG VON POPULÄRKULTUR IM GOTTESDIENST RESPEKTIERT DIE FREIHEIT GOTTES

Abschließend ist ein entscheidender theologischer Punkt zu erwähnen. Nach all dem, was wir erforscht haben, stellt sich die einfache Frage, wo Gott in all dem ist. Wenn wir das Material für die Gestaltung des Gottesdienstes in der Hoffnung und Erwartung auswählen, dass Gott auftaucht, dann implizieren wir zumindest, dass Gott in dem Material, das wir verwenden, seine Hand im Spiel hat. Natürlich können wir nicht einfach sagen, dass Gott in einem Lied, einem TV-Clip oder einem Filmausschnitt vorkommt oder dass irgendetwas davon etwas über Gott aussagt. Affektive, d. h. emotionale Vorgänge können manchmal theologischer sein als kognitive bzw. propositionale Aussagen. Als Methodist und wie viele andere Christen, die stark von pietistischen und Heiligkeitstraditionen beeinflusst sind, bin ich mir völlig bewusst, dass die Gegenwart Gottes sowohl gefühlt als auch gedacht werden kann. In diesem Sinne erwarte und hoffe ich, dass der Gebrauch von allem, was wir wählen, etwas von Gott hervorrufen wird. Vielleicht ist es eher der Klang als der Text eines Liedes, der ein Gefühl der Gegenwart Gottes hervorruft. Wenn wir ein Instrumentalstück verwenden, wird es zwangsläufig der Klang sein. Wir können annehmen, dass Gott die Szene zwischen dem, was wir zeigen oder spielen, und demjenigen, der darauf antwortet, betritt. Denn Gott ist grundlegend relational. Das bedeutet natürlich nicht, dass alle und jede populäre Kultur theologisch nützlich oder gar von Gott ist. Das habe ich auch gar nicht behauptet. Es bedeutet nur, dass wir auf viele überraschende Arten vorbereitet sein müssen, in denen wir Gottes Gegenwart wahrnehmen oder durch die wir angeregt werden, über das Wesen von Gottes Gegenwart nachzudenken.

5.2 Populäre Kultur kann Gottesdienstleiter:innen und Gottesdienstbesucher:innen vom Zweck des Gottesdienstes ablenken

Wir haben auch Situationen angesprochen, bei denen wir vorsichtig sein müssen. Wie müssen der Versuchung widerstehen, nur zu unterhalten, und wir müssen vorsichtig sein, wenn wir versuchen, zu leicht relevant zu sein. Wir könnten die Menschen vom eigentlichen Zweck des Gottesdienstes ablenken, Gott in und mit den Menschen um uns herum zu begegnen. Wenn unsere Nutzung der Populärkultur von diesem Hauptzweck ablenkt, dann haben wir etwas falsch gemacht. Im besten Fall entsteht jedoch Anziehung und nicht Ablenkung.

5.3 Populärkultur kann es ermöglichen, dass Gottesdienst und Alltagsleben vollständig in ein Leben der christlichen Nachfolge integriert werden

Ein verwandelnder Gottesdienst kann zu einem verwandelten Leben führen. Wenn dies zum Teil dadurch geschieht, dass die Menschen im Gottesdienst in die Lage versetzt werden, die Populärkultur auf glaubensbezogene Weise zu lesen und zu interpretieren und dabei Dinge von Gott zu empfangen, dann haben wir die Populärkultur weise eingesetzt. Darum geht es letztlich bei einer konstruktiven, kreativen, aber nicht unkritischen Reaktion auf die Populärkultur und deren Nutzung. Als christliche Jünger sollen wir das Leben in seiner ganzen Fülle feiern, und kreative Begegnungen mit der Populärkultur können dazu beitragen.

»Lost in Wonder, Love, and Praise«

Awe in Christian Worship[1]

T. W. Burton Edwards

Introduction: From Self-reinforcement to Transformation

We who have gathered for a forum entitled »Transforming Worship« probably bring at least some assumption that our Triune God can and does transform us as we offer worship.

The very fact that we need a forum like this, however, reflects as well a reality we cannot ignore: for many who worship with us, transformation does not happen, and for some, perhaps transformation may not be desired. Instead of transformation, worship participants may be seeking comfort for themselves, as Karl Marx noted in his assertion that »religion is the opiate of the masses.« And at the heart of the comfort they may seek and often find, may not be transformation at all, but rather self-reinforcement, a way to ratify and strengthen their own beliefs about themselves, the world, and God.

If those of us seeking worship for self-reinforcement had a hymn, it may sound like this:

Brethren we have met to worship
and avoid the Lord our God!
Let us pray with all our power
lest we meet him on this sod.
Sing some hymns and hear some preaching –
it's the most that we can stand.

---

1 Präsentiert beim International Worship Forums der EmK am 13.–16 Oktober in Stuttgart.

Then we'll leave and go to dinner
rescued from God's mighty hand.[2]

But for those of us gathered here seeking transformation, Charles Wesley's hymn »Love Divine, All Loves Excelling« provides an excellent platform for discussing how transformation in worship happens, finding ways we can increase the likelihood that it may, and becoming aware of some current patterns of worship practice that may, instead, inhibit the transformation we hope for.

And that transformation begins, in both the hymn and in our experience, with awe.

Part I: Enter every trembling heart: Responding to Awe

1 *Love divine, all loves excelling,*
Joy of heaven to earth come down,
Fix in us thy humble dwelling,
All thy faithful mercies crown;
Jesu, thou art all compassion,
Pure unbounded love thou art,
Visit us with thy salvation,
Enter every trembling heart.[3]

The last line of Wesley's first verse points directly to awe.

»Enter every trembling heart.«

Imagine each of those words being felt in the moment by a great congregation singing them.

»Enter … every … trembling … heart.«

Let's start with the third word, trembling. It brings a feeling of at once great fear and great joy. We tremble because our bodies, our nervous systems are overwhelmed. We are knocked out of any usual rhythm that

2 Tune: Holy Manna; https://hymnary.org/media/fetch/146461
3 Tune: »Fairest Isle,« by Henry Purcell; https://youtu.be/Po6qbbjFJwA

can keep our bodies or even our awareness still or in motion with any graciousness. Out of rhythm, out of control, they tremble. We tremble.

That's what awe does to us, to our bodies, and to our brains. It sets us trembling.

As Rudolf Otto put it, mysterium *tremendum* et fascinans – a mystery that shakes us to our core, sets us trembling, and fascinates us, draws us toward it, all at once.

In singing Wesley's hymn, we acknowledge that the awareness of the visitation of the all-compassionate Jesus sets us trembling. The salvation Jesus brings us is too great for us. All we can do is tremble.

But Charles Wesley does not leave us trembling.

His words lead us to invite this all compassionate Jesus, this pure, unbounded Love, to enter, even as we tremble.

We remember the whole phrase Otto gave us. Mysterium tremendum *et fascinans*. Trembling and drawn toward – not driven away from – that mystery of boundless love which causes our trembling at the very same time.

Indeed, so drawn toward it that we bid it enter even as we tremble.

This is what awe does to us, whenever we experience it. We are knocked out of our tamped down senses that usually allow us to experience the world around us without any dramatic physical or emotional response to it, almost dispassionately.

To be clear, that normal way of our existence, that usual perceptual approach to what is around us has great value. It lets us assess, explore, understand, and learn how to take the best advantage of everything happening around us.

It also has a great disadvantage: It can keep us focused solely on ourselves as individuals, what benefits me, personally, how I can use what I observe to advance myself and my interests in ways that keep me at the center of my concern, that begin to contort my whole view of the world as being about me.

And that kind of self-centeredness, that state of being, as Martin Luther reminded us, »incurvatus in se,« curved in on oneself – that is the very heart of sin, the thing that more than any other can lead us to miss the mark, the incubator of evil, and the way of destruction. Jesus reminds us, as gospel, because we need the reminding, »If you are all about saving yourself, you are being destroyed and bringing destruction all around you« (Luke 17:33).

In the awe response, however, the curving inward is at least momentarily halted and reversed. We cannot ignore that another beyond the self is present. The trembling makes it undeniable. And as we begin to open up, away from our self-center, we not only begin to make room for, but now we can invite that other, not only to be present to us and with us, but to become as fully part of us as possible. We are unwinding, unfurling, blossoming into a whole new way of being, generated not by our self-interest, but by the visitation and presence of the Wholly Other, the One who has undone us. Enter... trembling.

Trembling ... heart.

In the 18th century when Charles Wesley penned his parody of Henry Purcell's aria, »Fairest Isle, all isles excelling,« the word heart did not mean what most of us in the West have come to think of it since about the 19th century, when it came to be understood as the center of emotion, the driver of all passions. The term was still very much ensconced in the longer Western, North African, and near Eastern cultural association with the heart as the center of the intellect and the will–and hence, values. There were certainly disagreement between Stoics, Platonists, and Epicureans on the value of passion, but there was no disagreement that the heart was the driver of human identity, character, and action.

It is not simply an amorphous »we« that is trembling. Wesley's words are »trembling *heart.*« The heart has been knocked out of beat. Which means the whole sense of self has been set aflutter, which in turn means whatever it is we thought we knew about ourselves and what we cared about has just been undone. The heart is trembling. The visitation of the all-compassionate one, the one of boundless love, has done something more than simply arrest us. It has discombobulated us. It has interrupted all of our certainties - valuable as they may be for the most part- and set us off onto a course we can no longer predict, because that self cannot function as it had. Our values, our grasp of ourselves and our world, strong as they may be, are no match for Jesus who is all compassion, the boundless love that has encountered us and put us in this state. The same boundless love, Jesus, we invite in this state to enter the trembling heart, awakened by awe to the realization that such boundless love is the only thing that get our hearts - our selves, our values, the whole way we view the world – from trembling to truly beating – to the beat of the love that makes and sustains all things.

Which brings us to *every*.

Enter **every** *trembling heart.*

With that word, the human response to awe in the visitation of Jesus reaches its culmination. The trembling heart into which boundless love has entered cannot but see that this is what sets the whole creation aright – every heart, not just mine, all of them. The self *incurvatus in se* is shattered in this moment. That this boundless love appears to me and deigns to enter this trembling heart and remake it, reorient all its pulses toward love – this is a glimpse of entire salvation, not just of me, but of all. And not just all humans, but all creation. It is nothing less than a harbinger of new creation.

Wow. Just wow.
Awe upon awe.

So, what is this response Wesley describes we are having? What is the awe response?

The answer depends on the frame of reference one attaches to it. In Christian theology, and in the theologies of many other religions as well, awe is an embodied response to the presence of the Holy, however the Holy is described in the stories of that particular tradition.

But we are not limited to religious accounts of what is happening in such moments to give some kind of account for the effects of the awe experience.

There has also been a good bit of work in neuroscience over the past three decades and more to try to understand what is happening in our brains when we experience such things.

And among the models most frequently cited in the literature is a model known as Posterior Superior Parietal Lobe deafferentation[4].

---

4 Eugene d'Aquili and Andrew B. Newberg, Religious and Mystical States. A Neuropsychological Substrate, *Zygon* 28 (1993), 177–200.

Much of the literature in this field is derived from studies of people who are experts in meditation and while they are meditating. This makes sense, because it allows to study brain function in real time.

So what does this phrase mean?

First, take your hand, and place it near the top and then just toward the back of your head, right near the crown. That's roughly where your superior parietal lobes are located (on one the left, one on the right). This is the part of the brain that seems to be responsible for taking visual and other inputs and portraying back to you a sense of where your body is located in three dimensional space over time. This is really important for everyday activities like walking and grasping other objects and typing and driving. What happens here also helps you get an accurate sense about where your body ends, and other things (and people) around you begin.

So what happens when this part of the brain becomes deafferented, or, we might say, when it goes offline? You lose the sense of where your body is in space. Which also means you lose the sense of your body having any boundaries at all. You feel at one with the infinite. You feel as if your body and everything else are now all the same.

You feel awe.

That feeling of being united with everything, the All, the Holy, is at once terrifying – because it isn't like anything you normally feel, and at the same time draws you in. *Mysterium tremendum et fascinans.*

So, what do we know that can cause this part of the brain to go offline?

A number of things can do this. There are ways to create it using certain chemicals – a number of psychedelic drugs do this – and electrical stimulation in the brain.

To be clear – I am not advocating that we drug worshipers or stick probes into their heads!

There are two other ways, though, and they are probably the primary ways that most of us experience deafferentation. One is to be in silence, stillness, and darkness – sensory deprivation. This is what makes those moments of silence, darkness, and stillness on Christmas Eve, just before we sing Silent Night and start lighting candles so powerful for so many of us.

The other is to be suddenly or on a protracted basis surrounded and overwhelmed by light, color, sound, a sense of space, and even smells – sensory overload. This can happen fairly regularly in the context of worship. It's why Christians have often designed our worship spaces with brilliant stained glass, painting – think, the Sistine Chapel, the panoply of lights through the stained glass at Saint Chapelle, or the icons of an Orthodox sanctuary. It's why we use the organ and large choirs and sing at full voice. It's why the ceiling in our worship spaces is generally much higher than in our homes. It's why Christians have for centuries used incense. All of these sights, all of these sounds, these smells taken together give us a sense of being part of something much, much larger than ourselves, and being at once terrified and invited by it all.

We've known how to make what we do in our worship and how we arrange and use our worship spaces to help us experience awe that connects us to God – and in that connection, through awe, open us up to be transformed from being hoarders of what we claim to be within our own boundaries, incurvatus in se, to being a people who freely pour out the overwhelming and deeply intimate love of God to every neighbor.

In our workshop, we here paused to allow small groups of participants folks to share with each other their experiences of awe in worship – whether through sensory deprivation or sensory overload.

Part 2: Alpha and Omega be: Seeking awe

2 Breathe, O breathe thy loving Spirit
Into every troubled breast,
Let us all in thee inherit,
Let us find that second rest:
Take away our power of sinning,
Alpha and Omega be,
End of faith as its beginning,
Set our hearts at liberty.[5]

---

5 Tune: Nettleton; https://hymnary.org/media/fetch/84123

Do you hear the longing for the feeling of the presence of God in these words?

Can you feel the longing that comes from troubled hearts seeking loving solace that can only be supplied by the Holy Spirit, solace that has to be applied deeply, intimately, tied with our own breath?

What it is that causes us to have such troubled hearts that must sing out for such intimate, holy solace?

Our power of sinning.

And what does that solace do, what can the Spirit do when the Spirit, the comforter, breathes into us? Take that power away.

How does that happen? By the solace of the spirit of love only?

No. Rather, or also, or more fundamentally perhaps, by the effect of the that loving Spirit when it breathes into us, and in us, and through us.

And that effect of the Holy One drawn near is also nothing less than awe.

We experience awe in this holy, intimate encounter because we find ourselves not only face to face, but fully realizing what it is we are encountering.

Alpha and Omega be.

The first and the last.
Beginning and end.
The all of the all.
This is what takes away the very power of sinning that troubles us.
This is what sets our hearts at liberty.
This is what we seek when we gather to worship.
And it is the sure promise of what we *could* find if we but sought it.

So here's the question: What makes it more likely in our worship that we'll actually seek that awe-filled awareness that we are in the presence of the Alpha and the Omega that enables the Spirit to breathe on us and in us and through us and sets us free, even if only for fleeting moments?

And, what makes it less likely we'll seek that – apart from the power of sin itself, which sure not only troubles us, but offers us its own delights?

There's a concept in neuroscience called »priming.« It means setting ourselves or others up – usually unconsciously – for the kinds of responses we hope they may have.

A classic form of this is the coffee cup experiment, described in a paper in Science in 2008.[6] People were asked by a surveyor if they'd be willing to describe what they thought people were like by looking at photographs of them. But before the surveyor would bring out the photos, she would ask the person to hold her cup for just a moment while she got them out. If the cup contained warm coffee, people invariably described the people in the photographs as themselves in positive terms – warm, generous, happy, industrious, fun. But if the cup they held, for just a moment, contained iced coffee, the perceptions of the very same photos were generally icy–cold, worried, untrustworthy.

Just a few moments holding a cup whose contents the holders didn't even think about profoundly affected how they perceived everything around them.

Their perceptive apparatus was primed – unconsciously – through something in their environment. And the priming worked.

How does this apply to Christian worship?

Think about the places where we worship. What are those places, and those spaces, by their very configuration, priming us to certain kinds of experience there?

> Tall ceilings and lines that draw our vision upward (awareness we are in a space that makes us small by comparison).
> Durable wood pews that have been there for decades, maybe centuries, and are likely to outlast us all (awareness we are in a context that far outlasts our own lifetimes).
> Instrumental music – whether from an organ, an orchestra, or a band and sound equipment that fills the space with resonant sound – as well as the physical space they take up themselves (surrounded by sound on all sides).

6 https://www.science.org/doi/10.1126/science.1162548, accessed September 29, 2022.

We might experience all of these simply by entering the space in some places, even before worship itself begins, or even before we've found a seat.

Or consider other kinds of worship settings.

> Large, black box spaces where we cannot quite see the ceiling, but where the stage is impressively lit, singers get spotlights, and not just words but moving and beautiful or intriguing images appear on massive screens (sensory deprivation and at the same time a limited sensory overload).
> Theater-style, individual seating that gives you our own space within a throng of others.

Or ...

> A gathering space in a home, with a mixture of dining chairs, sofa, and upholstered chairs
> An acoustic guitar for accompaniment
> Maybe one candle lit
> A coffee table as Lord's table...

Or ...

> A private room or a large table in a restaurant or pub your group can get aroundA capella singing
> All the other noises, smells, and hubbub of the space – whether immediately or muffled a bit if in a separate room

Or ...

> Your own space – a chair and a candle, or kneeling at your bedside, or alone in your car
> Singing to a recording, or just by yourself
> Maybe a candle

When you go into these spaces, how do they prime you, or how might they prime others to look forward to seeking the presence of God? How are these places where you worship functioning as »awe-setters,« helping to create the atmosphere for an encounter with God?

The workshop here returns to small group conversation of two questions:

1. *How and how well do the worship spaces you are part of prime you and others to seek encounter with God, the one who brings you to awe, and so sets your hearts free?*
2. *In what ways do the worship spaces you encounter impede you from seeking the Alpha and the Omega? What can you do to remove the impediments?*

Part 3: Glory in thy perfect love: Driven into mission by awe

3 *Come, Almighty to deliver,*
Let us all thy life receive,
Suddenly return, and never,
Never more thy temples leave.
Thee we would be always blessing,
Serve thee as thy hosts above,
Pray, and praise thee without ceasing,
Glory in thy perfect love.[7]

When you're in that space with God, that experience of the Presence, overcome with awe, you never want it to end, do you? The moment feels eternal. And it is – it is a real encounter with the eternal in those fleeting moments. You want to keep that going – not just the feeling of it, but the encounter itself.

And then it passes by.

Wesley's line from verse three, »Thee we would be always blessing... pray, and praise thee without ceasing,« captures the feeling of such moments powerfully. And so does the final line–»glory in thy perfect love.«

---

7 Tune: Holy Manna; https://hymnary.org/media/fetch/146461

What does God's perfect love that we're glorying in in such moments do? How does God's perfect love and our glorying in it affect us?

As we ponder that, let's pay attention closely to the words we are saying. It's »glory in Thy perfect love,« not just glory, not just feel blissed out. If it were only that, about our feeling of bliss, we would be back to *incurvatus in se.*

Instead, we are in an encounter with God, perfect Love, that drives us beyond ourselves and into mission.

Whether it's the big hymn, organ blaring, or the final song from the band, at full voice, or the song you sing together in your small group gathering that everyone knows by heart, so you can sing your hearts out, or the song you sing in your car on the way to work, though nobody else can hear you, however our worship happens, we may come to its conclusion with hearts and ears and voices full of that encounter with God's perfect Love – that perfect love which carries us into the world, and into our week, knowing we have been renewed for service and raring to go.

Isn't that how we love worship to end? Being driven by that awesome, perfect Love into the world?

When I teach seminary worship courses, we spend the first several sessions focusing on the basic pattern of worship, and more particularly both the flow of energy each movement in it is designed to carry – from entrance, to word, to table, to sending – and then how that energy is shifted to lead from one to the next.

And I particularly emphasize that the fourfold pattern is really a sixfold pattern.

How?

Because before worship begins, we somehow have to get from all of the scattered unfocused energy with which we come into worship into the synchronous praise of God as the gathered people of God.

So the first movement, if you will, is a kind of »bearing« to help that energy shift happen.

The same is true at the end of services of worship.

We leave, filled with life, and hope and renewal, ready for the world. And then ...

What?

We need some kind of bearing there, too, a sixth movement, to enable as much of that energy that drives us into the world to keep flowing, and not just come to a hard or bumpy stop.

After all, the end of the service in Latin »Ite, missa est« does not mean, as too many English translators have put it, »Go – the mass is ended.« No. It means »You, people of God, the church, you are sent now into the world.«

How do we sustain that drivenness into the world, so that more of the transformation that has happened in us can, in fact, help us be part of the transformation of the world, starting right then?

How does coffee-hour after worship do this? Or, if instead of keeping the propulsion moving into the world, it kind of serves as a buffer of that energy, what might you do differently, how might you reimagine coffee-hour so it becomes more of an expression of glorying in God's perfect love?

Or what might you imagine as things you can do with that energy more immediately rather than letting it merely subside?

In the Evangelical Lutheran Church in America, where I now serve, we have a tradition on the second Sunday in September. We call it »God's Work, Our Hands Sunday.« We go from worship, maybe to a meal, but then immediately into some form of service in the community. It takes some planning and coordination. But we invest in that so that everyone there has some opportunity – at least one Sunday a year – to move from worship almost directly into service.

What might it look like if every Sunday were »God's Work, Our Hands Sunday« – taking that energy from encountering God's perfect love, and, in the words of the old spiritual,

Yes I loved everybody when I come out,
Come out the wilderness, come out the wilderness, come out the wilderness,
Yes I loved everybody when I come out
Come out the wilderness, leaning on the Lord.[8]

---

[8] Tune: TURNER; https://hymnary.org/media/fetch/199218/hymnary/media/UMH/0416_ComeOutThe Wilderness_sample.mp3?dl=1

Or how you create an expectation in your congregation that people are going to move from just glorying - to in concrete some way glory in God's perfect love starting right after worship, and then throughout the week to come?

What seeds can you plant, even if you don't directly organize it as a church every week, to help every worshiper take the renewal or transformation that's happened in them right then and do something with it - something they can come back and share with others as a testimony and an encouragement - in the day and week to come?

The workshop returned to small group conversation on these questions.

1. *What happens right now at the end of worship in the places where you worship?*
2. *What one thing might you do and will you do do - to move folks just glorying at the end of worship to glorying in God's perfect love in the week to come?*

PART 4: LOST IN WONDER, LOVE AND PRAISE: TRANSFORMED AND FORMED BY AWE

4 *Finish then thy new creation,*
Pure and sinless let us be,
Let us see thy great salvation,
Perfectly restor'd in thee;
Chang'd from glory into glory,
Till in heaven we take our place,
Till we cast our crowns before thee,
Lost in wonder, love, and praise![9]

Lost in wonder, love, and praise.

Such a perfect expression of the awe and rapture worship can bring us to.

We are lost - completely overwhelmed by and immersed in – wonder (awe), love that feels and is in that moment boundless, and praise in

[9] Tune: HYERDOL https://hymnary.org/media/fetch/79990

which we truly surrender all, the love of God coursing through us, every fiber of our being, like a flood.

This is what the completion of the new creation will be like, Wesley's hymnody tells us.

And not just will be like. Already is.

We know this from our own fleeting experiences of awe which already transform us and feed us along the way.

»Finish then thy new creation« we sing, meaning not later, but already now, let us have glimpses of it.

Let us now have glimpses of what it is to be pure and sinless. Let us now see thy great salvation as we are being perfectly restored in thee.

Pay close attention to that language. The transformation we can expect and experience isn't about becoming something else later, but about being restored in Christ now.

Restored.
Set aright again.

And it is in that process of restoration – sometimes dramatic, probably more often not – that we are being changed from glory into glory starting now and culminating when are resurrected in the fullness of the new creation, the paradise of God.

We sing this now because it's already happening now.

Salvation, restoration, transformation – all here, all now, expressed and felt in our worship.

Earlier we talked about ways Christians have and do make it more likely that we experience worship as a time of seeking rather than avoiding God, of encountering, not evading awe.

So let's talk now about how in our worship we can make it more likely that we experience worship as a time of salvation happening in us in all its forms – both in moments of sudden transformation, and in the awareness of ongoing continuous restoration, nourishment, refreshing.

Here I want to point us to some concepts used by Robert McCauley and Thomas Lawson in a book they wrote that isn't about Christianity at all, but has much to teach us about how we design worship: Bringing Ritual to Mind.[10]

In it, they describe the ritual life of a particular indigenous people, the Kivung of Papua, New Guinea.

They note that the Kivung, like nearly all other groups with a defined group ritual, have two basic types of rituals: Rituals that are about dramatic transformation – a change of being or status in the community – and rituals that are about formation, helping people live out their lives as the changed people they have become.

Rituals for transformation, they note, often include one and usually more moments or movements of what they call »high relative emotional salience.« There is in these times much more rhythm, much more movement, much more music, more dramatic words with powerful emotional impact than in other parts of the service, and, generally, far more emotional energy than in what is »usually« experienced at other times in their ritual life.

That high emotional salience corresponds with and helps underscore the depth and reality that those who experience and witness this ritual are being transformed.

What are the transformational rituals of Christianity? Baptism, par excellence, of course, when we are given nothing less than new birth by water and the Holy Spirit. The ritual stakes don't get higher in the Christian faith than that.

All other transformational rites in Christianity thus relate to baptism, also marking significant alterations in status for those who receive them. In particular, there is confirmation, when we profess our own faith in public worship and are empowered to serve in all lay offices in the local church; marriage, when the patterns of our lives shift to include a new family; ordination, when the Holy Spirit is poured out for specific forms of servant leadership in the life of the church; and the service of death and resurrection, when we commend the whole life of a beloved sibling in Christ to resurrection in the age to come and ourselves to God's grace and healing needed as a result of their death in this present age.

---

10 McCauley, Robert N. and Lawson, E. Thomas. Bringing Ritual to Mind: Psychological Foundations of Cultural Forms, Cambridge, England: Cambridge University Press, 2022.

To underscore this point, among these, the most significant transformation by far, the one that opens up all the others, and the one that nearly all Christians will have received, is baptism.

And yet – is that how we treat it in our actual services of worship? Do our practices around baptism reflect the high level of emotional salience so that no one who can remember anything, and that the community witnessing it, can ever forget it?

Or do we go all out more for weddings, or ordinations, or confirmation, or funerals?

Here was a brief break into small groups for discussion of these prompts:

Rank these five in order of relative emotional salience as you experience them in your local church.

Confirmation
Wedding
Funeral
Baptism
Ordination

Where do you believe these rankings SHOULD *be?*

And, what actions will you take to start moving them into a better order so that what is most transforming is expressed in worship in ways that points to its most transforming significance?

What, then, are the formational rituals? They are notable for their regularity, not for a lack of emotional salience, per se. There is no verse in »Love Divine« not packed with high and increasing emotional salience from first to last! But there is more of a sense of »this is what we usually do.« Much of the ritual may not require anyone to look at any kind of notes or guide, because they know it, deeply – not just on their lips but in the movements of their muscles and down to their breath and heartbeat and even blood.

What, then, are the formational rituals? Formational rituals are intended to help form people and support people in their current stage of life in the community. What's the primary way to help support people in ongoing practice and mastery through ritual? Repetition, regularity, and, therefore, relatively lower relative emotional salience. Here, you don't want people to have to »think about« what they're saying and doing. You want them to be able to do it, and do it well. You want it to be in their hearts, and minds, and bodies – down to their breath, and bones, and blood.

I mean that literally about blood. Because when people are performing a formational ritual that they all know, it is not uncommon that both their breathing and their heartbeats synchronize. This is the bodily power of formational ritual. For Christians, it literally helps us be one body in Christ. Whether we're singing a familiar hymn, or praying Psalm 23 at a funeral, or offering the prayers of the Great Thanksgiving at communion, we sync up, we become the one body we seek to be.

McCauley and Lawson use the word »doctrinal« to describe these rites – not because they're about teaching doctrine, per se, but because they not only remind us, but help us embody who we have become, where we are, and where we're heading.

»Let us see thy great salvation
Perfectly restored in thee;
changed from glory into glory
till in heaven we see thy face«

God's salvation, God's restoration of us in Christ, is occasionally *marked* through transformational rituals. But is far, far more often *sustained* and *advanced* through formational rituals - especially our gathering for worship on the Lord's Day.

Brethren, we have met to worship
and adore the Lord our God.
Will you pray with all your power
while we try to preach the word?

This regular meeting, this gathering together where we seek encounter, not avoidance, encounter where we will find awe, find ourselves at once overwhelmed, and trembling, and drawn further toward God and every neighbor in the deep, deep love of Jesus - this is the kind of ritual practice that forms us most of all.

And these basic actions - prayer, proclaiming the gospel, singing, and gathering at the Lord's table–these things many of us can do without having to think much about them, and if we're thinking too much, we may be doing it wrong- these are at the heart of our formational ritual practices.

The workshop returns briefly to small group conversation around these prompts:

Rank the following in the order of how well each sustains you and helps you grow

Prayer
Preaching
Congregational Singing
Communion

What could you do differently with each so each could be more sustaining?

The first verse of »Brethren we have met to worship« continues:

> *All is vain unless the Spirit*
> *of the Holy One comes down.*
> *Brethren, pray, and holy manna*
> *will be showered all around.*[11]

What does the Spirit do when the Spirit comes down?

At baptism and at other moments of transformation in which the Spirit is poured out, big changes take place.

> We are born again.
> We are fully incorporated into the local body of Christ.
> We are joined to a partner for life.
> We are set apart to live out the baptismal vows as a deacon, or elder, or bishop.
> We are commended by the body of Christ to the care of Christ until the day of his final appearing to make us and all things new.

---

11 Tune: HOLY MANNA; https://hymnary.org/media/fetch/146461

In regular worship on the Lord's Day and other regular occasions – through formational rituals–we experience the Spirit coming down as flow, seamless flow, moving us from entrance to word to table to sending. None of it may be terribly dramatic. But more to the point, none of it is distracting when we're in the flow of the Spirit, a flow that requires us to learn our parts well so the Spirit can simply and powerfully move through us as we offer ourselves to God through each movement and ritual action.

Distractions, calling attention to oneself, knocking people out of that flow – these are the greatest challengers to the formational power of formational rituals. Formational rituals are powerful because they are what they are.

> They don't need explanations.
> They don't need apologies.
> They don't need extra greetings, or anything extra.
> Extra is only distraction from the flow.

As we learn our parts, and can simply do them well, moving from synchronization in song and procession after we've all entered worship profoundly unsynchronized, to careful attentiveness to the word of God read, and prayed, and proclaimed, toward readiness to begin to offer the whole church and the world to God in intercession, toward offering ourselves to God in confession, and our whole body, reconciled, in peace and thanksgiving at the Lord's table, where we cast our crowns before him, heads bowed in reverence as in our hands we receive nothing less than the outpouring of the Spirit on bread and wine become for us the body and blood of Christ so we can be – rally be – are physically and spiritually being restored as the body of Christ for the sake of the world.

When we gather together like this, when we siblings in Christ pray like this in the flow of the Spirit, holy manna is showered all around.

And like that manna of old, it is always exactly what we need. It will always be exactly what we need to be sustained in this life, and to sustain one another in this life, till we cast our crowns before him lost in wonder, love and praise.

Staying connected

Ein methodistisches Lebens- und Kirchenmodell[1]

Ulrike Schuler

Liebe Studierende, Kolleginnen, Kollegen und Interessierte, Brüder und Schwestern, hier vor Ort und online. Ich begrüße Sie herzlich und bedanke mich für Ihr Kommen und Zuschalten, damit für das Interesse an meiner letzten offiziellen Vorlesung hier an der Theologischen Hochschule Reutlingen als Inhaberin des Lehrstuhls für Kirchengeschichte, Methodismus und Ökumenik.

Hallo, my dear colleagues and friends online, I know that you want to attend my closing lecture and I also know that you don't understand German and will not be online full time – maybe you will later zip through the video-recorded lecture. But I appreciate your support and willingness to stay connected.

1. Ein etwas längerer Prolog mit einführenden Impulsen

In meinen Überlegungen zur Themenwahl für diese Vorlesung kreisten meine Gedanken in den letzten Wochen immer stärker um das Thema, das ich für heute Abend gewählt habe: »Staying connected« – »in Verbindung bleiben« als Wesen methodistischer Theologie und Praxis. Darum wird es hier heute Abend gehen, um Grundlagen und Ziel dieses In-Verbindung-Bleibens, das sich in dem typisch methodistischen Lebens- und Kirchenmodell widerspiegelt, einem Modell, das ich (überwiegend) als äußerst innovativ kennengelernt habe und erlebe. Dieses Modell möchte ich Ihnen heute Abend neu bewusst machen und bündele damit gleichzeitig

[1] Abschiedsvorlesung an der Theologischen Hochschule Reutlingen, gehalten am 28. Juli 2022. Der Vortragsstil wurde beibehalten.

einige Akzente meiner letzten Seminare zur methodistischen Geschichte und Theologie in ökumenischer Perspektive.

Mein Thema ist motiviert durch jüngste Beobachtungen und Gespräche zu aktuellen kirchlichen Krisen. Sie bewirken derzeit verschiedene Reaktionen: Es gibt kritische Reflexionen des Bestehenden, das Erkennen von beunruhigenden Fehlentwicklungen bzw. Strukturen, die zu heutigen Herausforderungen nicht mehr zu passen scheinen und die es zu korrigieren gilt. Dabei gibt es auch engagiert suchende Überlegungen und Offenheit für Veränderung, die letztlich sogar das wachsende Spektrum verschiedener Ausdrucksformen des Kirche Seins wahrnehmen und einbeziehen.

Hier zunächst drei Impulse, die mich zur Themen-Entscheidung getrieben haben, um Sie auf meinen Gedankenweg mitzunehmen und direkt ins thematische Zentrum zu gelangen:

1.1

Als Erstes eine bemerkenswerte ökumenische Begebenheit: Im Januar dieses Jahres (2022) erreichte unseren Bischof Harald Rückert und unsere »Ständige Kommission für ökumenische Beziehungen«, der ich angehöre, ein Brief des Ökumene-Beauftragten der Katholischen Kirche, Bischof Dr. Gerhard Feige. Bischof Feige bittet darin alle anderen Mitgliedskirchen der Arbeitsgemeinschaft Christlicher Kirchen (ACK) im Auftrag der Katholischen Bischofskonferenz in Deutschland, sich »an der ersten Konsultation« des 2021 eingeleiteten »Synodalen Wegs« der Katholischen Kirche »zu beteiligen«. Sie sollen es dahingehend tun, die Katholische Kirche »an den jeweiligen Erfahrungen, Einschätzungen und Vorschlägen zum Thema Synodalität der Kirche teilhaben zu lassen«. Die Frage zielt dabei – wie es im Schreiben heißt – auf »Entscheidungsprozesse auf den unterschiedlichen Leitungsebenen« ab. Diese Einladung kann man als Zeichen der Katholischen Kirche bewerten, in ihrem »Synodalen Prozess« auch von den Daseinsweisen und Erfahrungen »der Anderen« lernen zu wollen und miteinander ökumenisch im Gespräch zu sein. Die Evangelisch-methodistische Kirche (EmK) ist selbstverständlich dieser Einladung gerne gefolgt.

Synodalität wird derzeit in der Ökumene viel diskutiert. Auch beim Katholikentag Ende Mai 2022 wurden Repräsentanten verschiedener Konfessionen – auch der Evangelisch-methodistischen Kirche – an einem Podium zum Thema »Synodale Formen und Erfahrungen in den Kirchen« beteiligt. Dort habe ich die EmK vertreten.

Von »synodalen Formen« zu sprechen dokumentiert bereits ökumenische Lernfortschritte, da der altkirchliche Begriff der »Synode« in den genannten Konfessionen heute in Theorie und Praxis recht unterschiedlich gefüllt ist. In der Katholischen Kirche sind Synoden nach geltendem Recht rein bischöfliche Beratungs- und Entscheidungsgremien. In Orthodoxen Kirchen ist das ähnlich: Die Synode ist ein ausschließlich von Bischöfen besetztes Leitungsorgan. In den evangelischen Landeskirchen ist eine Synode ebenfalls ein Beratungs- und Entscheidungsgremium; in ihr wirken Ordinierte und Nicht-Ordinierte, die größtenteils gewählt, teilweise auch berufen werden – nicht paritätisch, in der Regel sind es etwa ein Drittel Ordinierte. Im Methodismus als einer innerkirchlich entstandenen Reformbewegung, die ursprünglich selbst gar nicht beabsichtigte, Kirche zu werden, ist deshalb der Terminus Synode gar nicht üblich. Hier hat sich für Beratungs- und Entscheidungsgremien von Beginn an, genauer gesagt seit 1744, die Bezeichnung »Konferenz« eingebürgert. Es hat sich im Laufe der Zeit ein System mit Konferenzen ausgebildet, die paritätisch mit Pastorinnen und Pastoren sowie mit von den Gemeinden delegierten Laien besetzt sind. Die Konferenzen stehen in einem interdependenten Verbund und haben regional bis weltweit auf unterschiedlichen Ebenen Entscheidungskompetenzen. Durch das vielfältige Geflecht gegenseitiger Beziehungen und Verantwortung versucht der Methodismus, sein Wesen als Bewegung zu bewahren.

Die Aufforderung zur erläuternden Darstellung unseres ekklesiologischen Verständnisses – in der Anfrage formal reduziert auf Strukturfragen – fordert natürlich auch zur innerkirchlichen Reflexion heraus und führt zum Nachdenken über Wesen und Identität des methodistischen Kirche-Seins heute.

1.2

An diesen Reflexionsprozess knüpft direkt der zweite Impuls an: Der Methodismus weltweit war von Anfang an immer wieder durch unterschiedliche religiöse, gesellschaftliche und politische Rahmenbedingungen herausgefordert. Diese konnten sich bei politischen Umwälzungen durch Grenzverschiebungen, einhergehende Veränderungen der konfessionellen Einflüsse, wechselnde Amtssprachen und nationale Koalitionen radikal wandeln und forderten zu situativen Reaktionen in veränderten Handlungsspielräumen heraus. All dem hat sich der Methodismus in den zurückliegenden gut 250 Jahren seiner weltweiten Ausbreitung gestellt. Insofern ist der Prozess des Nachdenkens über kirchliche Strukturen bereits seit einigen Jahren erneut auch in der Evangelisch-methodistischen Kirche in Deutschland akut im Gang – ein genuiner Prozess. Anlass sind nicht zuletzt kleiner werdende Ressourcen (das betrifft Pastorinnen und Pastoren, Laien-Mitglieder und Mitarbeitende, Finanzen etc.), radikale gesellschaftliche Veränderungen (wie Bedürfnisse und Lebensweisen), aber auch der Blick auf die internationale Verfasstheit der United Methodist Church – wie die Evangelisch-methodistische Kirche international heißt – und ihren Umgang mit kontrovers-theologischen Konflikten auf der globalen Ebene, der Auswirkungen auf Konferenzen und Ortsgemeinden hat.

Die Delegierten der Süddeutschen Konferenz der Evangelisch-methodistischen Kirche haben im letzten Monat, im Juni 2022, den Bericht der Planungsgruppe »Zukunft der EmK« engagiert debattiert und konkrete Beschlüsse zur strukturellen Neuorientierung gefasst. Vorangegangen war das 2019 vorgelegte Arbeitsergebnis der zwei Jahre zuvor von der Zentralkonferenz eingesetzten Planungsgruppe zur »Zukünftigen Arbeitsweise und Struktur der Evangelisch-methodistischen Kirche in Deutschland«. Deutschlandweit wurden zu diesen Arbeitsergebnissen Rückmeldungen von Distriktsversammlungen, Jährlichen Konferenzen, einigen Konferenz-Gremien und verschiedenen Einzelgruppen der Evangelisch-methodistischen Kirche gegeben – ein Zeichen breiter Partizipation an brennenden Existenz- und Identitätsfragen. Kirchlicher Auftrag und Aufgaben werden im diesjährig vorgelegten Auswertungsbericht zu den eingegangenen Rückmeldungen sorgfältig im Blick auf die Arbeitsweise und Struktur der Evangelisch-methodistischen Kirche analysiert, um festzustellen, ob und inwiefern diese den vielseitigen Herausforderungen unserer Zeit noch gerecht werden. Das sind gewichtige Grundsatzfragen! Der Bericht schließt mit »Empfehlungen für die Zukunft«, die die Umgestaltung der Evangelisch-methodistischen Kirche in Deutschland als »dringlichen Prozess« verdeutlichen, den – auf gesamtdeutscher Ebene – die kommende Zentralkonferenz, in der die drei deutschen Jährlichen Konferenzen zusammenarbeiten, durch konkrete Beschlüsse voranbringen soll. Diese sollen auch in Kooperation mit den beiden anderen europäischen Zentralkonferenzen (Zentralkonferenz von Mittel- und Südeuropa und Zentralkonferenz von Nordeuropa und Eurasien) und im Austausch mit den weiteren, unterschiedlich verfassten methodistischen Kirchen in Europa geschehen (gemeint sind die im Europäischen Rat methodistischer Kirchen vertretenen autonomen und vereinigten Kirchen mit wesleyanischem

Erbe). Kriterien für die Anträge zu »Zukunftsmaßnahmen« sind »die Stärkung der missionarischen Dimension der kirchlichen Arbeit« und die »Stärkung der Ortsgemeinden«. Bei der Bündelung der Ressourcen soll die »methodistische Identität« gewahrt und dabei das »konnexionale Kirchenverständnis«, das »Verhältnis von Ortsgemeinde und Gesamtkirche« sowie die »partnerschaftlich-paritätische Form der Zusammenarbeit von Hauptamtlichen und Ehrenamtlichen« angesprochen werden. Im Schlusswort hat mich folgende Aussage aufmerken lassen: »Das Gespräch über die ekklesiologische und geistliche Dimension einer am Evangelium ausgerichteten Reform der Kirche hat jenseits der Planungsgruppe unter uns allen zu erfolgen.« Dieser Appell ist ein entscheidendes Movens meiner Vorlesung. Was hier fast wie eine Randbemerkung klingt, ist aus meiner Sicht der grundlegende und schwierigste Teil des dringlichen Erneuerungs-Prozesses: die Einbeziehung Aller – nicht nur der Delegierten und Hauptamtlichen – in das Erkennen und mit-Leben-füllen des Wesens des methodistischen Kirchenverständnisses in seiner grundlegenden geistlichen Dimension. Es geht also nicht nur um Strukturveränderungen, vielmehr um geistliche Erneuerung. Wie können alle Glaubenden mit ihren spezifischen Begabungen befähigt werden, sich am aktuellen Erneuerungsprozess der Kirche zu beteiligen?

1.3

Bei diesen Fragen hakt der dritte Impuls für diese Vorlesung ein, der in die Richtung des erwähnten Appells der gemeinsamen Verantwortung für die »geistliche Dimension einer am Evangelium ausgerichteten Reform der Kirche« geht und zum Kern meines Themas führt: *Wer* kann *wie* Menschen an der Basis zur kompetenten Partizipation befähigen? Ende März 2022 fand an der Theologische Fakultät der Universität Leipzig das »Symposium Ökumenische Spiritualität« statt. Angestoßen durch die neuere Forschung, in der im deutschsprachigen Raum zunehmend die Frage nach existentiell-erfahrungsbezogener Spiritualität im Kontext der evangelischen theologischen Ausbildung gestellt wird, haben die Initiatoren diese Thematik ökumenisch ins Gespräch gebracht. Es wurde problematisiert, dass die originär im Reden über den Glauben verwurzelte persönliche Frömmigkeit im Zuge einer Betonung nachweisbarer objektiver Kriterien der Wissenschaftlichkeit der Theologie in der theologischen Ausbildung zunehmend eliminiert worden ist. Anders gesagt: In der evangelischen theologischen Ausbildung in Deutschland spielt Spiritualität als theologische Qualifikation keine Rolle.

Die Frage der Tagungsverantwortlichen des Leipziger Symposiums über ökumenische Spiritualität, wie sich diese Mängel-Erkenntnis denn in anderen konfessionellen Ausbildungen darstellt, war für mich zunächst verblüffend. Müssten nicht gerade zukünftige Pfarrerinnen/Pfarrer bzw. Pastorinnen/Pastoren in Bezug auf den persönlichen Glauben schon im Studium genauso qualifiziert werden wie in der exegetischen Schriftauslegung, in kirchengeschichtlichen und systematisch- wie auch praktisch-theologischen Fragen? Tatsächlich scheint in der Konzentration auf Wissensvermittlung und kognitive Kompetenzen, in der theologischen Ausbildung die persönliche Frömmigkeit zur Privatsache verkümmert zu sein. Dem darf an einer theologischen Ausbildungsstätte, die staatlich anerkannt ist, offiziell nur einladend begegnet werden.

Zugegebenermaßen finden sich auch in den Modul-Handbüchern unserer Theologischen Hochschule zur persönlichen Frömmigkeit in Bezug auf Inhalte der Lehrveranstaltungen und der zu erlangenden Qualifikationen keine Hinweise. Jedoch mit unserem Studiengang »Christliche Spiritualität im Kontext verschiedener Religionen und Kulturen« ist das themenspezifisch ganz anders. Als Lehrende und Lernende erfahren wir immer wieder neu, welche reiche Dynamik die dort in allen theologischen Lehrfächern thematisierte, mit praktischen Übungen versehene und von den Teilnehmenden reflektierte Spiritualität entwickelt. Diese Erfahrungen haben auch Auswirkungen auf den Inhalt der klassischen Theologiestudiengänge.

Mit diesen drei recht ausführlich dargestellten Impulsen sind wir bereits längst mitten im Thema. Ich nenne noch einmal die wesentlichen Stichworte: das Interesse am Verständnis der methodistischen Ekklesiologie von außen – konkret zugespitzt auf die Frage nach Trägern von Entscheidungsprozessen, die Beschäftigung mit Strukturfragen von innen auf der Suche nach zeitgemäßer Erfüllung des kirchlichen Auftrags (Stichwort Zukunft der EmK), und die Frage nach der Bedeutung christlicher Spiritualität in Lehre und Leben im Kirchenmodell der Evangelisch-methodistischen Kirche.

2. Staying connected – in Verbindung bleiben

Der Blick auf die Geschichte des Methodismus trägt zur Klärung der Frage nach den wesentlichen Facetten methodistischer Identität bei. Darum werde ich – entsprechend meiner Kernkompetenz – hier das methodistische Verständnis des Kirche Seins in aller mir möglich erscheinenden Kürze zusammenfassend historisch entwickeln, dabei knapp theologisch begründen, didaktisch-methodisch entfalten und im Folgenden (Kapitel IV) mit einigen Beispielen die Tragfähigkeit des entstandenen Lebens- und Kirchenmodells in der Praxis exemplarisch vor Augen führen.

Die Grundlagen des methodischen Kirchen-Seins wurzeln und entfaltet sich in der

1. Verbindung des Menschen zu Gott, den Mitmenschen und aller Kreatur (theologische Grundlage)
2. Verbundenheit durch Befähigung (Bildung), Beauftragung und Sendung (Praxismethoden)

2.1 Verbindung zwischen Gott und Mensch, zu Mitmenschen und aller Kreatur (theologische Grundlagen)

Mit der neu gewonnenen Erkenntnis, dass die persönliche Verbindung zum liebenden Gott, der uns durch Jesus Christus bedingungslos Versöhnung und Vergebung anbietet, grundlegend für die Erneuerung des Menschen ist, ihn seine Schuldhaftigkeit erkennen lässt und vom Zwang schuldig zu werden (biblisch gesprochen: »vom Joch der Sünde«) befreit, startete die methodistische Bewegung innerhalb der Church of England im ersten Drittel des 18. Jahrhunderts. Sie ist eine evangelistisch-missionarische Erneuerungsbewegung. Sie entspringt einer geistlich und sozial engagierten Gruppe von Theologiestudenten der Universität Oxford und entfaltet sich später unter der Leitung der Geistlichen John und Charles Wesley mit Unterstützung einiger weniger früherer Studienkollegen und einer wachsenden Laien-Predigerschaft. Die Anhänger der methodistischen Bewegung wirken v.a. unter Arbeiterfamilien in den entstehenden frühindustriellen Zentren Großbritanniens, dann auch in agrarischen Gebieten und in den Kolonien Nordamerikas.

Das starke Sendungsbewusstsein John Wesleys – wie er es selbst ausdrückt –, »Seelen zu retten« und »schriftgemäße Heiligung über das Land zu verbreiten« steht für die wachsende Bewegung im Zentrum von biblischer Schriftauslegung, persönlicher und geteilter Glaubenserfahrung, gelebter Beziehung in gesellschaftlicher Verantwortung und Wertschätzung kirchlicher Traditionen. Diese Komponenten bestimmen und prägen fortan die Entwicklung methodistischer Praxis und Theologie.

Predigt und Zeugnis beginnen mit der reformatorischen bzw. paulinischen Lehre der Rechtfertigung aus Gnade durch Glauben, also mit dem Zuspruch der Zusage Gottes, als Mensch voraussetzungslos so richtig, gewollt und angenommen zu sein, wie er/sie ist. Es wird bezeugt und erwartet, dass diese Zusage persönlich anzunehmen und zu glauben einen Veränderungsprozess, eine »Transformation« - biblisch gesprochen: den »Prozess der Heiligung« - einleitet. Der in Beziehung zu Gott angestoßene komplexe Prozess der spirituellen Durchdringung und Erfüllung des Menschen mit Gottes Liebe und die damit bewirkte Neugestaltung des und der Glaubenden in das schöpfungsgeschichtlich bezeugte Abbild Gottes (Gottebenbildlichkeit), kann als »therapeutischer Prozess« charakterisiert werden. Entsprechend vergleicht Wesley die gestörte Gottesbeziehung mit einer Krankheit, die durch die kontinuierliche Beziehung zu Gott zur Gesundung, zur Heilung - mit biblischer Sprache zur »Heiligung« - führt. (Die theologische Begründung in der methodistischen Soteriologie haben wir in den letzten Sitzungen in methodistischer Theologie ausführlich diskutiert). Mit der dezidierten Verkündigung dieser Botschaft nimmt die methodistische Bewegung um die 1740er Jahre Fahrt auf. Ihr Schwerpunkt ist es, den der Kirche zunehmend Entfremdeten und vornehmlich am Rande der Gesellschaft Stehenden die befreiende und verwandelnde Gnade Gottes, die Liebe bedeutet, erfahrbar nahezubringen und sie anzuleiten, eine persönliche Gottesbeziehung zu entwickeln und in »gelebter Gnade«, also Gottes Liebe lebend, zu vertiefen. Mit der Verkündigung und persönlichen Kontaktaufnahme beginnt auch die seelsorgliche Verantwortung für die Hörenden.

2.2 Verbundenheit durch Befähigung (Bildung), Beauftragung und Sendung (Praxismethoden)

John Wesley hatte ein außerordentliches Organisationstalent. Anders als sein Freund und Kollege Georg Whitfield, der methodistische Evangelist, der zusammen mit dem Kongregationalisten Jonathan Edwards die *Great Awakening* in den Kolonien Nordamerikas auslöst, sammelt und verbindet John Wesley die von der evangelistischen Predigt außerhalb der

Kirchenmauern erreichten Menschen in Kleingruppen. Er organisiert ein System der Befähigung durch Ausbildung, Leitung, Aufsicht und Beauftragung. Das bedeutet, miteinander im engen Austausch zu bleiben, um auf neue Herausforderungen reagieren zu können. Es entsteht ein Kontaktnetz, das die Verbindung der Menschen, Gruppen, wachsenden Gemeinschaften untereinander und in Beziehung zu John Wesley als *connected societies* bezeichnet. So leiten jeweils hierzu beauftragte Frauen oder Männer die »Klassen« oder »Banden«, wie die Kleingruppen mit unterschiedlichen Zusammen- und Schwerpunktsetzungen bezeichnet werden. Wesley betreut anleitend und unterweisend Laienprediger, die auf abgesteckten Rundreisen (*circuits*) regelmäßig die entstehenden Gemeinschaften besuchen und geistlich betreuen. Diese Laien-Reiseprediger qualifiziert Wesley durch fest geplante Gespräche – ab 1744 die sogenannten »Konferenzgespräche«. Sie finden unter theorie- und praxisorientierten Leitfragen statt, nämlich: »Was sollen wir lehren? Wie sollen wir lehren? Was sollen wir tun? Das heißt: Wie sollen wir unsere Lehre, unsere Ordnung und unsere Praxis aufeinander abstimmen?«

Es geht also darum Lehren, Lernen und Handeln angesichts aktueller Fragen und kontextueller Herausforderungen gemeinsam zu beraten und zu entwickeln. Hier begegnet uns ein markanter Akzent methodistischer Identität: Das »Konferieren«, also miteinander im theologischen Gespräch zu sein, Gesprächsfähigkeit zu lernen und einzuüben, sich dabei theologisch zu schulen, unterschiedliche Sichtweisen zu hören, zu verstehen und gegebenenfalls auszuhalten.

Gerne wird im Methodismus von *Holy Conferencing* gesprochen und damit ausgedrückt, dass die Beratungen und Entscheidungen auf der kirchlichen Leitungsebene geistliche Prozesse sind. Lehre und Praxisplanung entstehen im Methodismus idealtypisch auf verschiedenen Ebenen der Kirche in einem dynamischen und interaktiven Prozess des »Konferierens«.

Wesley versorgt die Mitarbeiter zudem mit selbst verfasster Literatur wie u.a. seine in der Tradition der Kirche von England verfassten 53 Lehrpredigten, die – neben der Zusammenstellung der Ergebnisse der Konferenzgespräche, den sogenannten *Large Minutes* (ausgewählte Auszüge/wesentliche Aussagen aus Konferenzprotokolle zwischen 1744 und 1771) – Orientierung zu zentralen theologischen Themen geben können. Die Lehrpredigten gehören auch heute noch zu den Lehrgrundlagen unserer Kirche. Sie sind nicht dogmatisch festlegend, sondern regen das theologische Gespräch an. Das haben wir jüngst bei einem Online-

Seminar zu den Lehrpredigten mit Studierenden, Pastorinnen, Pastoren und Laien des deutschsprachigen Raums mit anregenden, zum Teil kontroversen Diskussionen über theologische Fragestellungen erlebt.

Zudem publiziert Wesley in Wertschätzung anderer Traditionen gekürzte Fassungen der aus seiner Sicht wichtigen Literatur namhafter Theologen aus der Geschichte und seiner Gegenwart (Kirchenväter, Mystiker und zeitgenössische Theologen), die *Christian Library*, die auch in den entstehenden Gemeinschaften in Gemeindebibliotheken zur Verfügung gestellt wird. Wir haben eine frühe Ausgabe der *Christian Library* natürlich auch im Zentralarchiv der Evangelisch-methodistischen Kirche in Deutschland hier im Haus.

All das gehört zu einem sich weiter entfaltenden Bildungsprogramm, das auch das von Charles Wesley gedichtete Liedgut und zudem Übersetzung deutscher Kirchenlieder als gesungene Theologie und katechetische Unterweisung einschließt. In diesem Vorbild sind bis heute weitere Lieder entstanden, die entlang am Glaubensleben Themen aufgreifen und in Gesangbüchern zum Singen, Meditieren und Beten anregen.

In den 1970er Jahren hat der US-amerikanische methodistische Theologe und Philosoph Albert Outler für die Theologie das von Wesley angewandte hermeneutische Verfahren der Schriftauslegung erkannt und als »typisch methodistisch« bewusst gemacht. Hierbei werden Schrift, Tradition, Erfahrung und Vernunft als Quellen und Kriterien der Offenbarung Gottes ins Gespräch gebracht. Das »Oxford Institute« als internationale theologische Konferenz des Weltrates Methodistischer Kirchen hat sich daraufhin mit dieser Hermeneutik ausführlich befasst und das dialektische Verhältnis der vier Erkenntnisquellen herausgearbeitet, wonach jedes Kriterium als grundlegende Quelle für theologisches Verstehen angesehen wird, das gleichzeitig die anderen kritisch hinterfragt, korrigiert oder ergänzt. Der Schrift wird dabei als normative Quelle der Selbstoffenbarung Gottes der Vorrang vor den übrigen drei Kriterien eingeräumt. Schließlich wird eine Unterscheidung zwischen lehrmäßiger Bestätigung und theologischer Forschung vorgenommen und dadurch der gemeinschaftlich prozessuale Charakter der Lehrentwicklung noch einmal unterstrichen.

Die gewonnenen Erkenntnisse sind kontinuierlich im Lebensvollzug auf ihren Wahrheitsgehalt hin als schriftgemäße (apostolisch-katholische) Lehre zu überprüfen. Es handelt sich also um einen lebendigen theologischen Reflexionsprozess, der in der methodistischen Kirchenordnung unter der Überschrift »Unser theologischer Auftrag« entfaltet wird. Er ist mit der Aufforderung verbunden, diesen hermeneutischen Prozess kontinuierlich fortzusetzen. »Unser Theologischer Auftrag« fordert im Sinne eines Priestertums aller Gläubigen ALLE zum kompetenten theologischen Gespräch heraus.

Es geht darum, Menschen einzuladen und anzuleiten, sich im wahrsten Sinne des Wortes selber »ins Bild zu setzen«, »zu bilden«, ihre geistlichen Sinne zu sensibilisieren und ein reflektiertes christliches Leben zu führen, das sich an der Bibel orientiert, zudem auch die Traditionen der Kirchen als inspirierend kennenlernt und in das Nachdenken über Gottes Wort einbezieht. Dieser Lernprozess bedarf einer ganzheitlichen Bildung. Sie spricht Körper, Seele und Geist an und nimmt neben intellektueller Wissensvermittlung und geistlichen Übungen auch die körperliche Gesundheit mit einem achtsamen Umgang mit Leib und Seele, wie auch eine nötige Balance von Tun und Lassen, Arbeit und Ruhe, Kontemplation und Aktion in den Blick. Hierbei helfen die Gemeinschaft Gleichgesinnter ebenso wie weitere Bildungsangebote. Sonntagsschulen beispielsweise, in denen im 18. Jahrhundert tatsächlich für Menschen ohne Schulbildung biblische Basiskenntnisse mit dem Erlernen von Lesen und Schreiben verknüpft waren, haben nach wie vor den Auftrag der biblischen Unterweisung. Außerhalb Deutschlands laden methodistische Sonntagsschulen in vielen Ländern weltweit sonntags im Anschluss an den Gottesdienst Menschen aller Altersstufen in Gruppen mit unterschiedlichen theologischen und geistlichen Themenschwerpunkten ein. Hierauf kann ich hier leider nicht weiter eingehen, möchte aber den Impuls gerne weitergeben.

Neben theologischer Bildung entstehen auch Anleitungen zu ethischem Handeln. Aus der Fülle der Quellentexte greife ich hier einen heraus: die »Allgemeinen Regeln«. Auf Bitten um Unterweisung für christliche Lebensführung hin verfasste John Wesley für diejenigen, die sich der methodistischen Gemeinschaft anschließen wollen, die sogenannten »Allgemeinen Regeln«. Auch sie gehören noch heute zu den Lehrgrundlagen methodistischer Kirchen und sind ebenfalls in der »Verfassung, Lehre und Ordnung« der Evangelisch-methodistischen Kirche zu finden. Wesley nennt drei Grundsätze für diejenigen, die – so heißt es im Vorwort – sich danach sehnen, »dem bevorstehenden Gericht Gottes zu entgehen« (Mt 3,7) und »von aller Schuld befreit zu werden« (Mt 1,21). Die drei Regeln klingen schlicht und einfach: Gutes tun, Böses meiden, in der Liebe Gottes bleiben. Letzteres wird gestützt durch den Gebrauch der

Gnadenmittel, »Kanäle«, durch die die Gnade Gottes erfahrbar verheißen wird, nämlich: Hören auf die Schriftauslegung, Beten - gemeinsam und alleine -, Bibelstudium, häufiges Feiern des Abendmahls und Fasten. Durch kurze Beispiele wird »Gutes tun« und »Böses meiden« für das Alltagsleben transparent, hilft, Alltägliches zu reflektieren und Möglichkeiten bzw. Gefahren bewusst zu machen. In den Allgemeinen Regeln finden wir eine Anleitung zur Reflexion der eigenen Lebensführung. Sie schulen die tägliche Entscheidungsfindung und Urteilsfähigkeit. Auch hierbei kann ein wohlwollendes Korrektiv (die Kleingruppe), eine Gesinnungsgemeinschaft, helfen, in der offen geredet, Zweifel und Unsicherheit angesprochen, ein umsichtiger Rat gegeben und in einer Atmosphäre des gegenseitigen Vertrauens und Zutrauens angenommen werden kann. Das setzt allerdings voraus, dort nicht moralisierend und überheblich miteinander umzugehen, sondern zu lernen, wohlwollend und unterstützend gemeinsam unterwegs zu sein (auch hierfür gibt es biblische Vorbilder, wie Gal 6,1).

Die Allgemeinen Regeln geben heute ungebrochen noch Anstöße zum Nachdenken über christlich-ethisches Handeln. Ein Quellenprojekt mit Studierenden hat erstaunlicherweise gezeigt, dass auch junge Menschen heute die angeführten Ansprüche an ethisches Handeln nicht minimieren wollen und den Text in Jugend und Gemeindegruppen gerne nutzen - ebenso wie die »Kennzeichen eines Methodisten«, in denen es nicht um Darstellung der eigenen Konfession geht; die Quintessenz ist dort, ganz allgemein Christsein und christliches Handeln zu charakterisieren. Darum haben wir auch diesen wichtigen Text in einem Quellenseminar in die heutige Sprache übertragen und unter dem Titel »Was wirklich zählt« herausgegeben.

Der Bildung und damit auch Befähigung, die eigene Frömmigkeit zu überdenken, kontinuierlich Spiritualität in Beziehung zu Gott, sich selbst und anderen einzuüben, folgt auch die Beauftragung, Verantwortung zu übernehmen, z. B. Aufgaben in der Gemeinschaft, und schließlich die missionarische Sendung über die Ortsgemeinde hinaus. Sie gilt allen. Die spezifische Sendung in den hauptamtlichen Dienst führe ich an dieser Stelle nicht weiter aus, wenngleich mir bewusst ist, dass heute v.a. eine Klärung des Amtsverständnisses in der Evangelisch-methodistischen Kirche berechtigt ist und dringend eingefordert wird. Ausführungen hierzu würden den Rahmen des Vortrags sprengen. Wir haben darüber ausführlich (aber nicht abschließend) noch gestern im Seminar »Methodistische Theologie« debattiert.

Hier geht es mir jetzt um die bis heute identitätsstiftenden Akzente, aus denen heraus sich das methodistische Kirche Sein basisorientiert entfaltet: eine evangelistisch-missionarische Konzentration auf die kontinuierliche Beziehung von Gott und Mensch und in der Folge der Menschen untereinander bzw. zu aller Kreatur. Aus diesem Beziehungsgeschehen heraus entwickelt sich die Lehre der Kirche. Wichtige, typisch methodistische Lehrgrundlagen habe ich genannt, Texte und Verfahren, die der Wissensvermittlung und -vertiefung dienen und zum gemeinsamen Weiterdenken und Handeln anregen. Hiermit sind Hauptamtlichen und Laien auch Hilfsmittel – wie die Genannten – schon in der Frühzeit des Methodismus an die Hand gegeben und durchaus weiterhin innovativ zu nutzen.

3. Staying Connected: Das methodistische Verbundsystem – die Konnexio

Den historischen und theologisch erläuternden Abschnitt abschließend, werfen wir noch einen Blick auf die Kirchenstruktur: die Konnexio. Rüdiger Minor macht in seinem Artikel »Konnexionalismus und Katholizität« deutlich, dass die Begriffe »Konnexio« und »Kirche« im Methodismus synonym gebraucht werden. Es handelt sich um eine typische strukturelle Eigenart, die das methodistische Verständnis des Kirche-Seins terminologisch bündelt: die Konnexio/der Verbund. Es geht hierbei – wie wir auf verschiedene Weise bis hierher schon erkennen konnten – um ein Leben in Beziehung, das sich aus spirituellen Prozessen der Gottesbeziehung des und der Einzelnen heraus entwickelt, Gemeinschaft gestaltet, sozialdiakonisch verantwortlich entfaltet und dabei zunehmend ekklesiologische Strukturen ausgeprägt hat. Eine globale konnexionale Struktur ist dezidiert in der United Methodist Church zu finden. Sie hält an einer weltweiten organischen Einheit fest und ist durch ein Konferenzsystem von der Bezirkskonferenz, mit der Zuständigkeit für Gemeinden vor Ort, über Jährliche Konferenzen in überregionalen Gebieten, der grundlegende Körperschaft der Kirche, Zentralkonferenzen, die mehrere Jährliche Konferenzen einer oder mehrerer Nationen zu Beratungen und Entscheidung in Einzelfragen verbinden, bis hin zur weltweit für Lehre und Ordnung zuständigen Generalkonferenz miteinander durch Delegierte (paritätisch Hauptamtliche und Laien) in gegenseitiger Verantwortung verbunden.

Aber im Zentrum steht die Beziehung zwischen Gott und Mensch sowie der Menschen untereinander. Darum herum haben sich in konzentrischen Kreisen weitere Verbindungen und Beziehungsebenen entwickelt, die in gegenseitiger Verantwortung miteinander letztlich eine globale Form des Kirche-Seins, eine Weltkirche bilden.

»Verbundenheit« steht im Zentrum von Glaube, Mission, theologischer Reflexion und ökumenischer, ja auch interreligiöser Ausrichtung der Evangelisch-methodistischen Kirche/United Methodist Church. Ein Bericht an die Britische Methodistenkirche zur methodistischen Kirchenstruktur beginnt etwas vorwitzig: »Ob der Methodismus ›im Gesang geboren‹ wurde oder nicht, ist umstritten, aber er wurde sicherlich als Connexio geboren.«

Staying connected/In Verbindung bleiben hat sich also zum ekklesiologischen methodistischen Kennzeichen ausgeprägt, begrifflich abgeleitet aus dem Englischen *connection* (Verbindung/Verknüpfung), im Deutschen entsprechend anglizistisch als Konnexio bzw. Konnexionalismus bezeichnet. Der oft belächelte Streit um die Schreibweise im amerikanischen und britischen Methodismus – *connectionalism* oder *connexionalism*, zu schreiben mit »ct« oder »x« in der Mitte – ist nicht so banal, wie er erscheinen mag. Er wird theologisch begründet, wenn britische Methodisten ihre Schreibweise vehement verteidigen: In der Mitte steht das Kreuz – die christliche Botschaft ist Zentrum der Bewegung und Kirche! Alles andere, was sich darum herumrankt und vielseitige Beziehungsgeflechte und Strukturen entwickelt, ist Folge der christlichen Kernbotschaft von der Erlösung durch Jesus Christus und soll dies auch in der Schreibweise stets metaphorisch bewusst machen. Mir gefällt das irgendwie! Vielleicht bleibt das auch für Sie im Gedächtnis!?

Was wäre eine letzte Vorlesung von mir in Methodismus, ohne ein Strophe eines Charles-Wesley-Liedes, einer gesungenen Theologie, die unser Thema aufgreift. Ich habe tatsächlich eine passende gefunden:

Let us join ('tis God commands),
Let us join our hearts and hands;
Help to gain our calling's hope,
Build we each the other up.
God his blessing shall dispense,
God shall crown his ordinance,

Meet in his appointed ways,
Nourish us with social grace.

[Lasst uns zusammenkommen (Gott befiehlt es),
Lasst uns unsere Herzen und Hände verbinden;
Helft uns, die Hoffnung unserer Berufung zu gewinnen,
Lasst uns einander gegenseitig aufbauen.
Gott wird seinen Segen spenden,
Gott wird seine Ordnung krönen,
Trefft euch auf den von ihm bestimmten Wegen,
[er] nährt/versorgt uns mit sozialer Gnade.]

Für die Identität der United Methodist Church ist der Gedanke des Konnexionalismus von zentraler Bedeutung. Er steht eben nicht nur für eine formale Beziehung zwischen Kirchenverwaltung und Kirchenleitung (das wird oft als Erstes genannt), sondern grundlegend für eine starke lehrmäßige Tradition, die persönliche Erlösung und Frömmigkeit mit Barmherzigkeit und sozialem Handeln in der Welt verknüpft.

4. Methodistische Missionen in Europa – einige kleine »Appetizer«

Im Folgenden sollen nun wenige Beispiele aus meiner Forschungsarbeit einen kleinen Einblick in die Komplexität und Basisorientiertheit methodistischer Missionen in Europa geben, die viele genannte Merkmale methodistischer Identität erkennen lassen.

4.1

In den Anfängen methodistischer Missionen in Europa begegnet uns eklatant eine Kompetenz zum persönlichen Zeugnis. Methodistische Missionen beginnen Ende des 18./Anfang des 19. Jahrhunderts in der Regel durch Laien (hier einige Beispiele ohne Anspruch auf Vollständigkeit): durch persönliche Kontakte (Serbien, Deutschland, Schweiz, Elsass), britische Soldaten (Gibraltar, Belgien), Händler (Frankreich), heimkehrende Seeleute (Schweden, Dänemark, Norwegen, Finnland), Rückwanderer (Deutschland, Dänemark), Schriftwechsel von Auswanderern mit Familienangehörigen und Freunden (Deutschland). Hinzu kommt der Ruf zur Mitarbeit durch eine andere Missionsgesellschaft (The American Board of Commissioners for Foreign Missions – Jugoslawien/heute Mazedonien, Bulgarien; Rotes Kreuz Tschechoslowakei) oder die muslimische Regierung (Albanien, Bulgarien), auch durch Verbreitung von Literatur (Belgien), die bald in verschiedenen Ländern in eigenen Verlagshäusern gedruckt wird (Deutschland, Schweden, Schweiz, Norwegen), werden Menschen darauf aufmerksam gemacht und nehmen Kontakt auf. Die Anfänge der Missionen sind überwiegend nicht strategisch geplant, sondern basieren auf Beziehungen.

Das Reden über den Glauben und das persönliche zeugnishafte Leben führen zu Kontakten, zur Bildung von Kleingruppen zum geistlichen Austausch von Glaubenserfahrungen, Gebet, gemeinsamem Bibellesen. Nach einiger Zeit wird um professionelle Begleitung gebeten. So sind in der Regel die Anfänge methodistischer Missionen geprägt. Nicht selten gibt es eine Interdependenz zu entstandenen nationalen Jährlichen Konferenzen von Einwanderern in die USA, die die Mission in der alten Heimat auf vielfältige Weise zu fördern suchen. Die Geschichte methodistischer Missionen ist auch eng mit einer Migrationsbewegung verknüpft. Es entstehen in den USA unter Einwanderern z.B. italienische, norwegische, schwedische, deutsche Jährliche Konferenzen, die sich wünschen, dass ihre Freunde und Familien im Herkunftsland zum lebendigen Glauben finden und entweder kollektieren, um einen Prediger aussenden zu können (so u.a. der Beginn der Evangelischen Gemeinschaft 1850 in Deutschland) oder Gemeinschaften durch Spenden unterstützen oder eine größere Stiftung machen (wie die Martin-Missionsanstalt – das Frankfurt Seminar der Bischöflichen Methodistenkirche durch einen Fabrikanten; Fanny Gable Nast, die der Missionsbehörde Geld vermacht, von dem in Budapest/Ungarn ein Kirchengebäude erstellt wird). Natürlich gibt es auch gezielte Missionsvorhaben, wie etwa nach dem politischen Umbruch in Italien mit vorübergehender Auflösung des Vatikanstaates. Wesleyanische Methodisten aus Großbritannien und Bischöfliche Methodisten aus den USA haben umgehend eine Missionsarbeit im Herzen des Katholizismus begonnen und viele Prediger unter ehemaligen katholischen Priestern gewonnen.

Ob Prediger entsandt werden oder nicht, die Gemeinschaften wachsen. Zu den Anfängen der Missionsarbeit gehört immer die Sonntagsschularbeit, um Kinder in der biblischen Botschaft zu unterweisen. In vielen Ländern werden zügig Predigerausbildungen eingerichtet (Deutschland, Schweiz [französischsprachig], Schweden, Dänemark/Norwegen,

Finnland, Italien, Frankreich, Baltische Staaten, Russland, Polen) und – wie bereits erwähnt – Verlage gegründet, um Schriftmaterial drucken und verbreiten zu können. Kinderheime (Dänemark, Belgien, Russland, Ungarn) und Schulgründungen, wodurch auch zur Alphabetisierung und gesellschaftlichen Aufwertung von Frauen beigetragen wird, begegnen uns v.a. in Ost- und Süd-Europa (wie beispielsweise in Spanien, Italien, Bulgarien, Mazedonien). In vielen Ländern ist die Arbeit durch die Mehrsprachigkeit der missionarischen Arbeit recht anspruchsvoll (wie in Russland und Ungarn in sechs Sprachen).

Ein länderübergreifendes Beziehungsgeflecht ist typisch. Es bietet beides, Gefährdungen, v.a. in Zeiten nationaler Erhebungen und politischer Umbrüche. Hier kommt es zu Verdächtigungen (wie dem Verdacht der Konspiration aufgrund der internationalen Verbindungen), Ausweisungen, verordneten Kontaktabbrüchen und Verfolgungen, Einfrierung von Konten – kurz: starken Einschränkungen des kirchlichen Lebens. Aber das weltweite Kontaktnetz bietet auch Chancen, z.B. in Friedenszeiten und in der Versöhnungsarbeit nach Kriegsende. Zu alldem gibt es eine Vielzahl komplexer spannender Geschichten, die jetzt an dieser Stelle heute keinen Platz haben – darum nur Andeutungen, die die Neugierde wecken könnten. In unseren letzten Seminaren über »Methodismus in Europa« und »Die deutsche Christenheit nach 1945« haben wir die Herausforderungen methodistischer Arbeit in verschiedenen gesellschaftlichen, politischen und religiösen Kontexten erörtert und uns auch beeindrucken lassen von Beständigkeit, Verlässlichkeit, Verbindlichkeit und dem Willen zur Weiterarbeit und zum Neubeginn.

Abschließend zwei Beispiele aus meinen Forschungsarbeiten der letzten Jahre, die zu unserem heutiges Thema passen. Sie zeigen mit der Konzentration auf das Kernanliegen der Verkündigung und verstehenden Weitergabe des Evangeliums in konkreten Situationen kreative Wege in Reaktion auf gesellschaftliche Fehlentwicklungen bzw. unerwartete kontextuelle Verschiedenheit.

4.2

Der ersten Fall begegnet uns 1834 in England. Methodistische Landarbeiter, die in der Sonntagsschule Lesen gelernt haben, sich abends nach 14-stündiger körperlicher Arbeit bei Kerzenschein weiterbilden, als Laienprediger regelmäßig Predigtdienste in der Region übernehmen und sich am Bau eines kleinen methodistischen Versammlungsgebäudes beteiligen, setzen sich als Sprecher für eine gerechte Lohnzahlung ein. Die Landbesitzer hatten die Löhne – trotz entgegengesetzter Zusagen – unter das Existenzminimum gedrückt. Vertröstet und letztlich ungehört, gründen die Landarbeiter schließlich eine der ersten Gewerkschaften in Großbritannien. Das führt letztlich aus niederen Beweggründen mit einigen Intrigen des Magistrats und Innenministers zur Verurteilung von sechs Männern (fünf Methodisten, darunter drei Laienprediger) zu sieben Jahren Zwangsarbeit ins Australien. Die dadurch ausgelöste erste große Arbeiter-Protestwelle bewirkt nach einigen Jahren den Freispruch und ihre Rückkehr. Die Sprecher setzen sich weiter für Gerechtigkeit in Arbeiterbewegungen ein. Einer von ihnen argumentiert in einem offenen Brief an einen Pfarrer, der ihr gesellschafts-politisches Engagement öffentlich diskreditiert, scharfsinnig Lebensbedingungen analysierend und verknüpft mit erstaunlicher Bibelkenntnis. Er argumentiert mit Schrift- und Sprachgewandtheit schöpfungstheologisch und mit der Bergpredigt, als er das Recht der Arbeiter verteidigt, sich selbst für Frieden und Gerechtigkeit einzusetzen, wenn Kirche und Staat (Königtum) das unterlassen.

4.3
Der zweite Fall: Bulgarien. Bulgarien gehört beim Beginn der methodistischen Mission 1857 zum Osmanischen Reich. Es ist der Sultan, der Kirchen einlädt, sich in Bulgarien zu engagieren. Das »American Board of Commissioners for Foreign Missions«, eine der ersten amerikanischen christlichen Missionsorganisationen, bittet die Bischöfliche Methodistenkirche um Unterstützung. Es werden zwei Missionare entsandt, die in der kulturell vom Islam und der Orthodoxen Kirche geprägten Gesellschaft nur schwer Kontakte zu Frauen herstellen können. Aber gerade sie, die Frauen, sind es ja in jener Zeit, die für die religiöse Erziehung verantwortlich sind. Der Vorsatz, die orthodoxe Kirche zu reformieren, gelingt nicht. Die Gründung einer Mädchenschule führt zur Ausbildung von einheimischen, sogenannten »Bibelfrauen«, deren anfänglich einzige Aufgabe darin besteht, Frauen zu besuchen und ihnen und ihren Kindern aus der Bibel vorzulesen (Beginn 1874). In den USA wird 1869 die erste methodistische Frauenmissionsgesellschaft gegründet – übrigens unabhängig von einer Konferenz. Frauen fühlen sich berufen, sich für die Mission zu engagieren. Einige lassen sich professionell ausbilden, um später in die Mission zu gehen (z. B. als Lehrerinnen an die bulgarische Mädchenschule). Andere fühlen sich be-

rufen, die neuen Missionen von Frauen für Frauen, über die in Kirchenblättern berichtet wird, durch Gebet und finanziell - oft Einkünfte von Basaren mit dem Verkauf von Handarbeiten oder Abzweigen ihres Haushaltsgeldes - zu stützen. So können die Bibelfrauen in Bulgarien und ab 1877 auch in Italien durch sie ein kleines Gehalt erhalten. Die Bibelfrauen in Bulgarien, in einem orthodoxen Kontext und in Italien, einem katholischen Kontext, engagieren sich dann neben dem Bibellesen mehr und mehr auch als Sonntagsschullehrerinnen, dann mehr und mehr als Sozialarbeiterinnen, da sie es sind, die bei Hausbesuchen die Nöte erkennen, sie bekannt machen und Unterstützung einleiten. Das Netzwerk der Frauenmissionsgesellschaften weitet sich Ende des 19. Jahrhunderts in den USA und in Europa aus, sodass bald u.a. auch Missionarinnen aus Deutschland und der Schweiz ausgesandt werden. Das Netzwerk der Frauen ist sehr kreativ und unkonventionell. Es verknüpft sich zudem mit der ebenfalls in der zweiten Hälfte des 19. Jahrhunderts entstehenden Diakonissenbewegung. Diakonissen finden wir übrigens auch in vielen Missionen in Europa - Frauen, die ihre Berufung in einen ganzheitlichen Verkündigungsdienst hören, ihn aber zunächst nur in Mission und Diakonie ausüben dürfen.

5. Ein knappes Fazit und ein Appell

Es ist schade, dass ich Ihnen hier jetzt nicht noch viel mehr von allen erstaunlichen Details über die Missionen in Europa vortragen kann, aber ich will Sie heute Abend nicht überfrachten, sondern anregen.

Darum habe ich das Thema Staying connected: Ein methodistisches Lebens- und Kirchenmodell für den heutigen Abend gewählt. Ich möchte angesichts aktueller Debatten den Reichtum methodistischer Erfahrungen in Bezug auf die Bedeutung von Verbundenheit bewusst machen und Mut machen, wie ausgeführt »in Beziehung zu bleiben«.

Ja, es ist unerlässlich, über Reformen der kirchlichen Organisation aus kritischer Distanz mit einer aktuellen Praxisanalyse nachzudenken und Veränderungen einzuleiten. Aber ich möchte bei allem geschäftigen Eifer auch dazu Mut machen, den Weg der Reform von unten her zu denken und ins Gespräch zu bringen: die Reflexion der Schlichtheit des Anfangs und des Zentrums christlicher Mission.

Bleibt in Beziehung zu Gott, euch selbst und aller Kreatur und entwickelt hieraus ein erneuerndes Verständnis, Kirche zu sein und zu leben. Und habt dabei keine Angst vor Widerständen derer, die diesen Schritt überspringen und gleich in Aktion treten wollen. Die Stärkung des geistlichen Lebens, um dann auch handlungsfähig zu werden, das ist m.E. unser »Kerngeschäft« – auch in der theologischen Ausbildung als Teil des kirchlichen Lebens. Im Alltag vor Ort, im weltweiten Kontaktnetz unserer Kirche sowie in ökumenischer, ja auch interreligiöser Verbindung sollte es darum gehen, Gottes Liebe authentisch zu leben und auf diese Weise Gottes Liebe in dieser Welt erkennbar werden zu lassen.

Kleine Auswahl meiner Publikationen für eine das Thema vertiefende Lektüre

Re-formation in Action: Liberty in a Wesleyan Spirit and Praxis – The Tolpuddle Martyrs, Part I, in: Wesley and Methodist Studies, Vol. 12/ No. 1 (2020), 1–28; Part II, in: Wesley and Methodist Studies, Vol. 12/ No. 2 (2020), 109–130.

Heiligung als therapeutischer Prozess des ganzheitlichen Heilwerdens – eine evangelisch-methodistische Perspektive. In: Bernd Oberdorfer/Thomas Söding (Hg.), Wachsende Zustimmung und offene Fragen. Die Gemeinsame Erklärung zur Rechtfertigungslehre im Licht ihrer Wirkung. Freiburg im Breisgau 2019, 150–164 [Quaestiones Disputatae 302].

Methodism in Continental Europe: Anglo-American Mission Approaches and Connectional Developments. In: Elaine A. Robinson/Amos Nascimento (Hg.), Global United Methodism. Telling the Stories, Living into the Realities. GBHEM Wesley's Foundery Books, Upper Room, Nashville/TN 2019, 121–154.

Methodism in Northern and Continental Europe. In: Charles Yrigoyen (Hg.), T & T Clark Companion to Methodism. Continuum, London 2010, S.166–187.

Die Entstehung der methodistischen Bewegung. In: Walter Klaiber (Hg.), Methodistische Kirchen. Göttingen 2011, S. 7–42 [Bensheimer Hefte 111].

Chilcote, Paul Wesley/Schuler, Ulrike (Hg.): Women Pioneers in Continental European Methodism, 1869–1939. Routledge Methodist Studies. New York 2019.

Was wirklich zählt. In heutiges Deutsch übersetzt und bearbeitet von Mareike Blödt, Christian Hagen, Philipp Kohli und Daniel Schopf. Fachliche Begleitung: Ulrike Schuler, Klaus Ulrich Ruof. Frankfurt am Main 2013.

Herausfordernd einfach. 3 Regeln, die das Leben verändern. Die Allgemeinen Regeln John Wesleys, übersetzt von Sarah Bach, Mareike Blödt, Christian Hagen, Jan Reil, Klaus Ulrich Ruof und Ulrike Schuler. Frankfurt am Main 2016.

Eine gute Übersicht über wesentliche Punkte methodistischer Theologie und Praxis enthält das Dokument einer internationalen Fachkommission der United Methodist Church, das der Generalkonferenz 2024 zur Annahme vorliegen wird: »Sent in Love« – Theological Statement Released by the UMC Committee on Faith and Order [https://www.unitedmethodistbishops.org/files/websites/www/pdfs/sent+in+love-adca+report+draft+sept2019.pdf - Zugriff 18.04.2023]

Das Zusammenspiel von »Sozialer Arbeit« und »Diakonie« für die Förderung solidarischer Gemeinschaft[1]

Lothar Elsner

Liebe Hochschulgemeinschaft, sehr geehrte Damen und Herren,

ich freue mich sehr, dass ich als Resümee meiner Berufstätigkeit unseren neuen Studiengang »Soziale Arbeit und Diakonie« mitkonzipieren und organisieren konnte. Bei der Entwicklung des Studiengangs stand und steht die Frage im Raum: In welchem Verhältnis stehen die gesellschaftlichen Lebensbereiche »Soziale Arbeit« und »Diakonie« und die zugehörigen Wissenschaften[2] zueinander? Wer braucht wen wozu? Meinem Nachdenken darüber habe ich den Titel gegeben: Das Zusammenspiel von »Sozialer Arbeit« und »Diakonie« für die Förderung solidarischer Geeinschaft.

Da ich aus dem Lebensbereich Diakonie komme, möchte ich mit der selbstkritischen Frage beginnen:

> *Reicht nicht Soziale Arbeit allein? Ist die Diakonie nicht überholt, weniger professionell mit dem Hang zur Selbstausbeutung und innerlich ausgehöhlt durch fehlende religiöse Bindung ihrer Mitarbeitenden? Braucht Soziale Arbeit für ein menschliches und sozial-gerechtes Gemeinwesen heute noch Diakonie oder weiter gefasst noch Religion oder Theologie?*

---

1 Antrittsvorlesung an der Theologischen Hochschule Reutlingen, gehalten am 25. April 2022. Der Vortragsstil wurde beibehalten.

2 Die Begriffe »Soziale Arbeit« und »Diakonie«, mit denen wir auch unseren neuen Studiengang benennen, bezeichnen jeweils einen gesellschaftlichen Lebensbereich. »Soziale Arbeit« bezeichnet auch ein Studienfach mit einem europäisch definierten Abschluss »Soziale Arbeit« und eine Wissenschaft. »Diakonie« bezeichnet gewöhnlich kein Studienfach. Dieses heißt »Diakoniewissenschaft« und beinhaltet ähnliche Bezugswissenschaften wie Soziale Arbeit, zusätzlich auch noch die Theologie.

Eine erste theologische Antwort finden wir bei Jesu Erzählung vom sog. »Barmherzigen Samariter«. Der hilft dem unter die Räuber geratenen und verletzten Menschen und verwirklicht so die Nächstenliebe. Wer die Not nicht ignoriert, sondern sich dem Menschen zuwendet, das ist eben – so lehrt uns Jesus mit der Geschichte – manchmal (oder häufig?) nicht der »Rechtgläubige«, sondern z.B. der damals mindestens religiös fragwürdige, aber barmherzige Samariter. In dieser eindrücklichen Geschichte hat die Religion deren offizielle Vertreter wohl eher von der Nächstenliebe abgehalten als dazu motiviert – sie liefen an dem Verletzten vorbei. Bescheinigt die Bibel mit diesem zentralen Text der Diakonie nicht schon, dass soziales und solidarisches Handeln auch ohne Religion geht?

Doch auch der umgekehrten Frage muss sich wiederum die Soziale Arbeit stellen:

> *Hilft professionelle »Soziale Arbeit« wirklich zu einer solidarischen Gesellschaft? Führt Soziale Arbeit ohne Diakonie – zugespitzt gesagt – zu herzloser Sozialbürokratie und verfehlt die Menschlichkeit, die Gerechtigkeit und freiwilliges Engagement? Brauchen wir dafür sogar eher Kirche und Diakonie?*

Sind Soziale Arbeit und Diakonie gegensätzliche Konzepte, zwischen denen sich die Gesellschaft entscheiden muss: Professionalität oder Herzensfrömmigkeit – Fachlichkeit oder Kirchlichkeit? Wie ist das Verhältnis der Lebens- und Handlungsfelder sowie der zugehörigen Wissenschaften?

Um diese Grundsatzfrage nicht »erschöpfend« zu behandeln, werde ich viele Aspekte nur andeuten. Ich möchte Sie an einigen Entdeckungen aus meinen praktischen und theoretischen Begegnungen mit Sozialer Arbeit und Diakonie teilhaben lassen.

1. Wie sind Diakonie und Soziale Arbeit geschichtlich verwoben?

Auch in den Geschichtsdarstellungen der Lehrbücher der Sozialen Arbeit ist in der Regel unumstritten, dass die diakonischen Aktivitäten und Einrichtungen der christlichen Kirchen als Vorläufer der modernen »Sozialen Arbeit« in Deutschland anzusehen sind. Allerdings werden 1800 Jahre

Vorgeschichte häufig auf den ersten 10–20 Seiten der Geschichte nur kurz als dunkler Hintergrund dargestellt, der endlich von der modernen Sozialen Arbeit abgelöst wird.[3]

Umgekehrt ist es nicht besser: Noch Mitte des 20. Jahrhunderts wurde in der »Diakoniewissenschaft« behauptet, dass »soziale Liebestätigkeit« eine exklusive Erfindung des Christentums sei[4].

Spannend und erkenntnisreich wird es, wenn man diese beiden Vorurteile verlässt. Hier ein paar Entdeckungen aus unserer zusammengelegten Lehrveranstaltung »Geschichte der Sozialen Arbeit und Diakonie«:

Die umfangreiche und erfolgreiche Soziale Arbeit der christlichen Kirchen in den ersten drei Jahrhunderten n. Chr. dürften ein wesentlicher Grund des kometenhaften Aufstiegs der christlichen Kirche von einer jüdischen Sekte zur Staatsreligion des Römischen Reiches gewesen sein. Ihre sozial ausgleichende und integrierende Kraft machte die Kirche zum Garanten des inneren Friedens des Römischen Reiches.

Zugleich waren die damaligen bedeutenden diakonischen Aktivitäten – wie die Gründung einer Diakoniestadt Basilia[5] oder die Angriffe auf den Reichtum und das Recht auf Privateigentum[6] – eine große Herausforderung für den Römischen Staat[7] und seine politische Elite.

Ein Wegbereiter staatlicher Sozialverantwortung in Verbindung und Spannung zur kirchlichen Verantwortung war Karl der Große. 794 legte die Frankfurter Synode unter seiner Leitung fest:

---

3 Siehe z. B. »Das Ende der individuellen Liebestätigkeit« als Kap 2.3 in Hering, Münchmeier, Geschichte der Sozialen Arbeit, Weinheim/Basel 2014, 28f.

4 »Eine Welt ohne Liebe«, Gerhard Uhlhorn (1895) nach Herbert Haslinger, Diakonie. Grundlagen für die Soziale Arbeit der Kirche, Paderborn, 2009, 37

5 Basilius schuf vor den Toren der Stadt Caesarea eine neue Stadt. Siehe »Geschichte der Diakonie in Quellen. Von den biblischen Ursprüngen bis zum 18. Jahrhundert«, Göttingen, 2020 (Geschichte.Diakonie.Quellen), 156f.

6 Z. B. die kirchengeschichtlich bedeutenden Kappadozier Basilius der Große, Gregor von Nazianz und Gregor von Nyssa (Geschichte.Diakonie.Quellen, 148f.) sowie Johannes Chrysostomos (a. a. O., 182f.).

7 Der römische Kaiser Julian versuchte 362 n. Chr. die starke Stellung der christlichen Kirche wieder rückgängig zu machen. Er analysierte, dass der große Erfolg der christlichen Gemeinden und Kirche im römischen Reich vor allem auf der umfassenden »Liebestätigkeit« dieser Gemeinden für alle Menschen – nicht nur für Gemeindemitglieder – beruhte. Sein Versuch, die traditionellen römischen Religionen zu mobilisieren diesem Beispiel nachzueifern, scheiterte jedoch. A. a. O., 146f.

> »Wer aber von uns ein Leihegut (beneficium) in Gestalt eines Wirtschaftshofes hat, sorge peinlichst dafür, dass keiner von den Hörigen, die zu diesem Landgut gehören, Hungers sterbe ...«[8]

> »Der Rechtswissenschaftler Karl Otto Scherner erkennt darin eine ›Wende in der karolingischen Fürsorgepolitik‹, insofern nicht nur ... an die Nächstenliebe des einzelnen Christen appelliert wird oder ... die Verantwortung der Kirche namhaft gemacht wird, sondern das zwischen König und Lehensherr bestehende Rechtsverhältnis als Basis der Armenfürsorge zur Geltung gebracht wird.«[9]

Der Lehensherr bekommt die Verantwortung, für seine Armen zu sorgen.

Einen weiteren Schritt in Richtung kommunaler Verantwortung für die Armenpflege gingen die im Mittelalter erstarkenden freien Reichsstädte. Sie erließen immer schärfere Armen- und Bettelordnungen, so z. B. die Stadt Nürnberg schon 1370 und 1478 und dann in der Armenordnung 1522. Es wurde eine kommunale leistungsfähige Sozialadministration mit Bedürftigkeitsprüfung, Kontrolle und Dokumentation neben der kirchlichen Armenpflege etabliert[10].

Humanistische Impulse und reformatorische Neuzuordnung der weltlichen und kirchlichen Verantwortlichkeiten bildeten die Grundlage für die kommunale Armenpflege und weitere soziale Dienste[11].

Das in der Sozialen Arbeit gerne zitierte »Elberfelder Modell«[12] des kommunalen Sozialdienstes Mitte des 19. Jahrhunderts hatte jedenfalls vielfältige Vorläufer.

Die heutigen Ausprägungen der »Sozialen Arbeit« und »Diakonie« entstanden im sozialpolitischen Konfliktfeld der »Sozialen Frage« des 19. Jahrhunderts in Deutschland.

- Die Innere Mission (Vorläuferin der heutigen Diakonie) stellte – angeregt durch Pfarrer Johann Hinrich Wichern – die Entfremdung

---

8 Quelle: Monumenta Germaniae historica, Capitularia regum Francorum I, ed. Alfredus Boretius, Hannover 1883, ND Hannover 1960, Nr. 28, 74.

9 Zitiert aus: Geschichte.Diakonie.Quellen, 288f.

10 A. a. O., 487.

11 Siehe auch Luthers »Leisniger Kastenordnung«, mit der er die Kirchengemeinde als Verantwortungsgemeinschaft etablieren wollte, a. a. O., 501f.

12 Hering/Münchmeier, Geschichte der Sozialen Arbeit, Beltz Verlag, Weinheim Basel, 2014, 28f.

von Gott in den Mittelpunkt ihrer Ursachenanalyse der Armut und Verelendung und entsprechend die geistliche Erneuerung als Zielrichtung heraus[13].

- Soziale Arbeit hatte in den sozialpolitischen Konflikten der »Industrialisierung« verschiedene Wurzeln. Die bisherigen Institutionen reichten zur Lösung der massenhaften und tiefgreifenden sozialen Probleme nicht aus. Das beförderte sozialistische Bestrebungen und als Reaktion die Ausbildung sozialstaatlicher Verantwortung in den Sozialgesetzen Bismarcks oder im Reichsjugendwohlfahrtsgesetz der Weimarer Republik.
- Der Staat setzte den Rahmen. Sozialwissenschaft begann sich zu etablieren und setzte auf die Säkularisierungsthese vom allmählichen Bedeutungsverlust der Religion und der »Entzauberung der Welt«[14] in der Moderne.
- Die Träger der sozialen Einrichtungen sind jedoch bis heute in Deutschland überwiegend konfessionell!

Fazit: Diakonie ist von ihren biblischen Anfängen an nicht nur auf individuelle Nächstenliebe, sondern eine solidarische Gesellschaft ausgerichtet. Kommunen und Staat übernahmen verstärkt seit Aufklärung und Reformation soziale Verantwortung.

Soziale Arbeit versteht sich angemessen, wenn sie ihre Verwurzelung in der Geschichte der Diakonie erkennt und Religion als für viele Menschen grundlegende Dimension ernst nimmt.

Diakonie versteht sich angemessen, wenn sie ihren konfessionellen Blick weitet, keine Exklusivität beansprucht und politische Beschränkungen ihrer Positionen reflektiert.

---

[13] Verfassungen vieler Diakonieträger enthalten diese Grundsätze bis heute, z. B. Diakonie Pfalz (https://www.diakonie-pfalz.de/diakonie-pfalz/diakonisches-werk-pfalz/das-diakonische-werk-pfalz; abgerufen am 10.4.2023).

[14] Max Weber, Wissenschaft als Beruf (1919), in: derselbe, Schriften 1894–1922. Ausgewählt und herausgegeben von Dirk Kaesler, Stuttgart 2002, 488.

2. Lassen sich soziales Verhalten und sozial gerechte Ordnung allein vernünftig begründen?

Es ist nicht nur historisch interessant, welchen Beitrag Soziale Arbeit und Diakonie zu einem solidarischen Gemeinwesen gebracht haben.

Vielmehr stellt sich die Frage nach ihrem Verhältnis auch in den inhaltlichen Begründungen.

Lässt sich soziales Verhalten nicht auch ohne religiöse Motive ausreichend vernünftig begründen? Lassen sich gerechte Regelungen des Staates nicht auch ohne religiöse Motive vernünftig begründen?

Diese Fragen stehen seit der Aufklärung mit der Auflösung der Selbstverständlichkeit der religiösen Grundlagen des Lebens und staatlicher Ordnungen im Raum. Immanuel Kant entwickelte in seiner »Kritik der praktischen Vernunft« bekanntlich den kategorischen Imperativ als ein vernünftiges Kriterium zur Prüfung von Handlungen und Normen auf ihren ethischen Wert. Der kategorische Imperativ lautet in einer bekannten Grundform: *»Handle nur nach derjenigen Maxime, durch die du zugleich wollen kannst, dass sie ein allgemeines Gesetz werde.«*[15]

2.1 Für ein friedliches, gerechtes Zusammenleben der Menschen Handlungsmaximen so zu wählen, dass sie verallgemeinerbar sind, lässt sich allein mit der Vernunft begründen.

Dennoch hielt es schon Kant für notwendig, Gott, Freiheit und Unsterblichkeit der Seele als Hypothese anzunehmen, damit der Mensch sich überhaupt als Wesen begreifen könne, das moralisch handeln kann und will.[16]

---

15 Immanuel Kant, Grundlegung zur Metaphysik der Sitten, hg. von Wilhelm Weischedel, Frankfurt 1974, 51.

16 »Was dem Geschöpfe allein in Ansehung der Hoffnung dieses Anteils zukommen kann, wäre das Bewusstsein seiner erpüften Gesinnung, um aus seinem bisherigen Fortschritte vom Schlechteren zum Moralisch besseren und dem dadurch ihm bekannt gewordenen unwandelbaren Vorsatze eine fernere ununterbrochene Fortsetzung desselben, wie weit seine Existenz auch immer reichen mag, selbst über dieses Leben hinaus zu hoffen, und so, zwar niemals hier, oder in irgend einem absehlichen künftigen Zeitpunkte seines Daseins, sondern nur in der (Gott allein übersehbaren) Unendlichkeit seiner Fortdauer dem Willen desselben (ohne Nachsicht oder Erlassung, welche sich mit der Gerechtigkeit nicht zusammenreimt) völlig adäquat zu

Ob und wie religiöse Begründungen für ein friedliches und gerechtes Zusammenleben in einem Gemeinwesen erforderlich sind, ist auch heute eine immer noch kontrovers diskutierte Frage. Sie tauchte in den letzten Jahrzehnten z. B. in der Diskussion um die Präambeln der Verfassung der Europäischen Union und des Grundgesetzes auf. Die Präambel des Grundgesetzes sagt in vereinfachter Wiedergabe: »Im Bewusstsein seiner Verantwortung vor Gott und den Menschen [...] gibt sich das deutsche Volk Kraft seiner verfassungsgebenden Gewalt folgende Verfassung«.[17]

2.2 Was fehlt der Vernunftbegründung des sozial gerechten Handelns?

Der vermutlich prominenteste und derzeit weltweit verbreitetste Versuch einer rein vernünftigen Begründung von allgemein gültigen Grundsätzen der Gerechtigkeit stammt vom US-amerikanischen Philosophen John Rawls. In seiner Theorie der Gerechtigkeit als Fairness leitete Rawls (1971) Grundsätze der Gerechtigkeit mithilfe eines Gedankenexperimentes ab.

Rawls greift auf die Fiktion einer Ursituation zurück, in der sich alle beteiligten Repräsentanten der Menschheit in Unkenntnis ihrer eigenen besonderen Lebensumstände (ob arm oder reich, Mann oder Frau etc.) also hinter einem »Schleier der Unwissenheit« befinden. Aus so fiktiv hergestellter Gleichheit und Freiheit – leitet Rawls ab – würden sie sich auf folgende zwei – hier etwas gekürzte – Grundsätze zur gerechten Gestaltung der Gesellschaft einigen:

---

sein.« – Immanuel Kant, Kritik der praktischen Vernunft, hg. von Wilhelm Weischedel, Frankfurt 1974, 253f.

17 Der bekannte Verfassungsrechtler Udo di Fabio führt dazu aus: »Die Verfassung ist Ergebnis eines ideengeschichtlichen Prozesses, eine Momentaufnahme, die konkretisiert und verstetigt, aber nicht garantieren kann, was ihr vorausliegt. Die Verfassung ruht auf dem Fundament eines sittlichen Konsenses. Dieser sittliche Konsens wird seit Beginn der Neuzeit nicht mehr allein oder unangefochten aus Gott hergeleitet. Aber dieser sittliche Konsens weiß, dass der Mensch nicht allein durch seine Urteilskraft vor dem Irrtum und der Hybris sich selbst bewahren kann. Insofern ist der Gottesbezug des GG zumindest eine Art Demuts-, aber auch eine Reflexionsformel. Denn auch die Demokratie kann irren. Es ist ein Zeichen menschlicher Unvollkommenheit, aber auch der Qualität des Menschen, irren zu können und sich dessen bewusst zu sein.« Udo di Fabio, Gottesbezug, Version 22.10.2019, 17:30 Uhr, in: Staatslexikon online, https://www.staatslexikon-online.de/Lexikon/Gottesbezug (abgerufen: 01.03.2022).

»Jeder Mensch hat gleiches Recht auf das umfangreichste Gesamtsystem gleicher Grundfreiheiten, das für alle möglich ist.

Soziale und wirtschaftliche Ungleichheiten müssen ... den am wenigsten Begünstigten den größtmöglichen Vorteil bringen ...«[18]

Die Herleitung dieser »Grundsätze« der Gerechtigkeit erscheint schlüssig und erfolgt ohne normative oder religiöse Voraussetzungen. Es bleiben allerdings gravierende Fragen bei der konkreten Auslegung. Bringt z. B. ein hoher Mindestlohn den am wenigsten Begünstigten den größtmöglichen Vorteil, oder werden deren Arbeitsplätze dann durch Maschinen ersetzt? Zudem besteht der »Schleier der Unwissenheit« nur in der Theorie, in der Praxis kennen wir unsere Ausgangslage. Warum sollten wir im sozialen und politischen Handeln so tun, als ob wir auch arm geboren sein könnten? Was kann Menschen motivieren, ihre Interessen und Macht nicht mehr oder weniger unverschleiert durchzusetzen, z.B. gegen eine Besteuerung des Vermögens oder gegen die Unterstützung von Geflüchteten?[19]

Und noch eine zweite Schwäche der vernünftigen Begründung will ich nennen:

2.3 Kooperatives Verhalten braucht Vertrauen

So wichtig soziale Rechte und Gesetze sind, machen sie soziales Verhalten nicht überflüssig. Freiwillige Kooperation ist das Erfolgsrezept der Menschheit vom gemeinsamen Jagen unserer frühen Vorfahren bis zur nachbarschaftlichen gegenseitigen Rücksichtnahme oder gemeinsamen Verpflichtungen zur CO_2-Reduzierung.

Für kooperatives soziales Handeln gibt es vor allem eine Hürde:

Vertraue ich darauf, dass ich nicht ausgenutzt werde?

---

[18] John Rawls, Eine Theorie der Gerechtigkeit, Frankfurt a.M. 1988, 336.

[19] Für sozial gerechte Ordnungen und Gesetze ist die Einschränkung mächtiger Eigeninteressen erforderlich. Soziale Arbeit will Menschen in der Artikulation und Durchsetzung ihrer Menschenrechte und gerechter Ausgleichsmaßnahmen des Staates unterstützen. Woher kommt die Motivation und Kraft, dies auch gegen Widerstände zu tun?

Die Antwort auf diese Frage ist entscheidend dafür, ob Menschen oder Menschengruppen sich sozial verhalten und sich gegenseitig helfen oder sich gegenseitig versuchen auszunützen.

In der Ökonomie wird seit Jahrzehnten untersucht, wie Menschen in gegenseitiger Abhängigkeit voneinander vernünftige Entscheidungen für ihr eigenes Wohl treffen und was daraus folgt. Bei der Analyse dieser Entscheidungen in Unsicherheit hat u.a. die Spieltheorie zur Erhellung beigetragen.[20]

Ergebnis: Die langfristig erfolgreichsten Strategien sind kooperativ im Vertrauen darauf, dass die anderen sich entsprechend kooperativ oder fair verhalten.

Leider besagt das kurzfristige Kalkül des eigenen Vorteils allerdings das Gegenteil: Nutze den anderen aus, verhalte dich unsozial, um mit wenig eigenem Aufwand viel zu gewinnen. Erst langfristig führt das zu einem Nachteil, weil niemand mehr mit einer solchen Person zusammenarbeiten und ihr vertrauen will.

Zwar zeigen Versuche und Analysen unterschiedlicher Wissenschaften, dass kooperatives, vertrauendes Verhalten für die Gruppe und in der Regel langfristig auch für die Einzelnen erfolgreicher ist. Aber niemand kann einer einzelnen Person den Erfolg für ihre nächste Interaktion garantieren. Die Hoffnung kann und wird ja auch immer wieder enttäuscht, wie uns gerade durch den Ukraine-Krieg gewaltsam deutlich wird. Die praktische Vernunft stößt hier an ihre Grenze.

2.4 Das rationale Kalkül der Einzelnen scheint nicht zu reichen, um vernünftigen Regeln des sozialen Verhaltens zu folgen. Es bedarf des Vertrauens und der Hoffnung.

Damit jemand das verallgemeinerbar sittlich Gebotene tut oder im politischen Prozess anstrebt, ist es unumgänglich einen Zielpunkt für

[20] »Mit spieltheoretischen Modellen konnten Mathematiker nachweisen, dass Gewinnstrategien von drei Faktoren geprägt sind: Großzügigkeit, hoffnungsvolle Erwartung und Nachsicht. Großzügigkeit bedeutet, nicht damit zu rechnen, mehr zu erhalten als der andere. Hoffnungsvolle Erwartung ist dadurch gekennzeichnet, dass man auf den anderen kooperativ zugeht – auch bei fehlender Information. Nachsichtig zu sein heißt, eine Kooperation trotz Problemen weiterzuführen.« M. A.Nowak, Spektrum der Wissenschaft 7/09, Heidelberg 2009, 82.

die gesamten guten Zwecke außerhalb anzunehmen – bei Kant heißt das: »Gott und eine zukünftige Welt«[21].

Mit dem Philosophen Jürgen Habermas – als einem nicht-religiösen Zeugen – müssen wir heute feststellen, dass der Vernunft die »Bilder vom sittlichen Ganzen – vom Reich Gottes – entgleiten« und sie »nicht die Kraft hat, in profanen Gemütern ein Bewusstsein für die weltweit verletzte Solidarität, ein Bewusstsein, von dem, was fehlt, von dem, was zum Himmel schreit, zu wecken und wachzuhalten«[22].

Habermas plädiert allerdings dafür, die religiösen Bilder in säkulare Sprache zu übersetzen. Ob und wie das gelingen kann, ist eine spannende Frage.

Nach den skandalösen religiösen Überhöhungen des Ukraine-Krieges durch Kyrill, den Patriarchen der Russisch-orthodoxen Kirche, müssen wir zugleich vor einer unkritischen Aufnahme religiöser Bilder und Begründungen warnen.

Derzeit lernen wir zu misstrauen und auf eigene Stärke zu setzen. Es wird m.E. jahrzehntelange Arbeit erfordern, zwischenstaatlich und auch in Alltagsbeziehungen eine Kultur des Vertrauens neu aufzubauen. Für die zentrale Herausforderung der nächsten Jahre, die Klimakrise, brauchen wir Kooperation, sonst gehen wir unter.

Fazit: Die säkulare vernünftige Begründung der Sozialen Ordnung ist wichtig für eine breite Verständigung der Gesellschaft und zentrale Grundlage des modernen Wohlfahrtsstaates.

Religiöse Begründungen, Vertrauen und Bilder der Hoffnung werden zu ihrer Realisierung dauerhaft gebraucht. Sie bedürfen umgekehrt der vernünftigen Kritik, um ideologische Überhöhungen von Einzelinteressen zu entlarven.

Diakonie ist geschichtliche Wurzel der Sozialen Arbeit, persönliche Motivation und gemeinschaftliche Kraft zur Solidarität. Aber trägt sie auch etwas zur inhaltlichen Gestaltung der Sozialen Arbeit bei? Diese Frage stelle ich nun in drei Richtungen: im Blick auf die Menschen, die

---

21 Immanuel Kant, Kritik der reinen Vernunft, hg. von Wilhelm Weischedel, Frankfurt 1974, 693.

22 Jürgen Habermas in der NZZ vom 10.2.2007 (https://www.nzz.ch/articleevb7x-ld.396917; abgerufen am 10.4.2023).

soziale Arbeit in Anspruch nehmen, auf die Menschen, die darin tätig sind, und auf den Beitrag der Diakonie für ein solidarisches Gemeinwesen.

3. Wie verstehen Soziale Arbeit und Diakonie Wohlergehen und Willen der Menschen?

3.1 Wohlergehen eines Menschen

Soziale Arbeit hat neben den gesellschaftlichen Zielen, auf die ich im letzten Teil noch eingehen möchte, Ziele für die einzelnen Menschen. Sie will – wie die internationale Vereinigung der in Sozialarbeit tätigen Organisationen und Ausbildungsstätten formuliert hat – das »Wohlergehen der Menschen verbessern« und helfen, »existenzielle Herausforderungen zu bewältigen«[23].

Die erste Frage vor jedem sozialen Handeln/Hilfe lautet deshalb: Was gehört zum Wohlergehen eines Menschen? Was fehlt ggfs. dafür und welche Art von Unterstützung, soziale Leistung, wäre geeignet und angemessen?[24]

Ein Beispiel aus einem Pflegeheim, für das ich mitverantwortlich war:

Bewohner*innen eines Pflegeheims wollen und sollen in einem sauberen Zimmer wohnen und sich regelmäßig gesund ernähren. Sie wollen und sollen sich zugleich einen möglichst hohen Grad an Selbständigkeit erhalten. Eines der Bethanien-Pflegeheime hatte sich deshalb entschlossen, nicht mehr alle Zimmer vom Reinigungsdienst standardmäßig putzen zu lassen. Die Pflegekräfte sollten mit den Bewohnerinnen einzeln klären, was diese selbst zur Reinigung beitragen können und wollen, wo sie etwas mit Unterstützung tun können und was sie geputzt haben wollen.

Es wurden spannende Erfahrungen gemacht: Auch im Alter ist das Bedürfnis nach Sauberkeit, Essen und nach Selbständigkeit sehr ver-

---

23 P.-U. Wendt, Lehrbuch Soziale Arbeit, Weinheim 2021, 62.

24 In der Sozialen Arbeit geht es immer um die Stärkung der vorhandenen Potenziale und Ressourcen und um die Beseitigung oder Linderung einer Not (Krankheit, wirtschaftliche Not, Gebrechlichkeit, Verletzungen aller Art, etc.) oder – positiv formuliert – um die Erreichung von Lebenszielen (menschenwürdiges Dasein, freie Entfaltung der Persönlichkeit, Zufriedenheit, Glück).

schieden ausgeprägt. Manche Angehörige intervenierten, weil sie der Meinung waren, für ihre Eltern ein Hotel mit Komplettservice gemietet zu haben - kostet ja auch viel Geld. Manche Pflegekräfte wiederum hatten erkennbar wenig Lust, sich an der Reinigung der Zimmer zu beteiligen.

Es wurde offensichtlich, dass soziale Leistungen, wenn Sie zum Wohlergehen führen sollen, immer eine Kooperationsleistung zwischen allen Beteiligten sind.

Es wurde aber auch klar, dass es nicht einfach zu klären ist, was ein Mensch wünscht und braucht, um ein zufriedenes Leben zu führen. Der eine ist glücklich, wenn er sein Regal noch selbst abstauben kann, eine andere, wenn sie das endlich nicht mehr machen muss. Selbständigkeit und freie Entfaltung kann man nicht verordnen oder organisatorisch regeln, sondern höchstens fördern.

In der Erhebung der Situation einzelner Menschen oder Gruppen sowie der Entwicklung passgenauer sozialer Leistungen hat Soziale Arbeit in den letzten 150 Jahren einen hohen Standard entwickelt[25]. Unser Sozialsystem definiert soziale Lagen und die abrechenbaren sozialen Leistungen. Dahinter steht jeweils eine Vorstellung dessen, was ein Mensch braucht, als Kind an Entwicklungsförderung, im Alter an Unterstützung.

Viele Notlagen und soziale Lagen eines Menschen sind so komplex, dass vorgefertigte Standards ihnen nicht gerecht werden. Das Offensichtliche muss nicht den Kern der Situation treffen. Beziehungsfragen, kulturelle, religiöse und seelische Nöte können für Menschen bedrängender und wichtiger sein als materielle und physische Nöte.

3.2 Was ist der Wille des Menschen?

Es lässt sich nur schwer allgemeingültig definieren: Was bedarf ein Mensch zu seinem Wohlergehen und zur Abwendung seiner Not? Deshalb orientieren Soziale Arbeit und Diakonie ihr Handeln am Willen der sich anvertrauenden Menschen. Sie wollen Selbständigkeit ermöglichen. Was will ein Mensch in einer solchen Situation? Das ist keineswegs eine neue Frage.

> Was willst du, dass ich für dich tun soll? (Mk 10,51)

[25] In allen Pflegeheimen werden jährlich Berichte des Medizinischen Dienstes der Krankenversicherung (MDK) zur Qualitätserhebung erstellt. Die Befragungen können offensichtliche Mängel der definierten Pflegeleistungen erkennbar machen. Wie glücklich und zufrieden die Bewohner:innen sind, wird daraus weniger ersichtlich.

Dieser Satz wird uns schon überliefert vom Markusevangelium als Jesu Frage an einen Blinden. Jesus hat nicht allwissend geheilt, sondern sein Handeln am Willen der Menschen orientiert. Entscheidend ist der Prozess der gemeinsamen Klärung, was ein Mensch eigentlich will. In dieser Frage hat Soziale Arbeit der Diakonie geholfen, indem sie – in der Tradition der Aufklärung – die Autonomie des Menschen hervorgehoben hat. Das war und ist ein bedeutender Fortschritt gegenüber einer paternalistischen Haltung, die immer schon weiß, was die Menschen brauchen.

Es gibt allerdings eine Grenze der Autonomie. Das asymmetrische Verhältnis zwischen Jugendlichem, Ratsuchendem, Patient:in, Bewohner:in und den jeweiligen professionell Helfenden lässt sich nicht ganz auflösen. Eine Autonomie, die sich am Ideal des frei wählenden Kunden orientiert, ist eine gefährliche Illusion. Es kommen keine Kunden in die Kita, sondern Eltern, die Menschen suchen, denen sie ihr Kind anvertrauen können. Es kommen keine Kunden ins Pflegeheim, sondern gebrechliche Menschen suchen ein Zuhause, es kommen keine Kunden in die Beratungsstelle, sondern psychisch angeschlagene Menschen.

Es bleibt deshalb eine dreifache Differenz:

- Das Wissen bleibt ungleich. Qualität und Relevanz vieler Informationen aus dem Internet zu einer sozialen, pädagogischen oder medizinischen Diagnose kann ein Laie kaum beurteilen.
- Zum zweiten kommt ein Mensch in eine Einrichtung, Beratungsstelle, weil er dort eine wirksame Handlungsmacht erhofft, die ihm hilft und die er selbst nicht hat. Er will sich kompetenten und verantwortungsbewussten Menschen anvertrauen.
- Und schließlich sind Menschen in physischer, psychischer, materieller Not oft auch tief in der Seele verunsichert und nicht die selbstsicheren Manager ihrer Bedürfnisse und Einkäuferinnen der passenden Zutaten.

Autonomie ist nicht einfach ein Recht des Klienten. Vielmehr ist es ein Ziel des guten Lebens. Oft ist das »Ja zum eigenen Leben« ein wichtiger Teil des Heilungsprozesses. Der Mensch tastet sich (wieder) an ein selbstbestimmtes Leben heran.

Entscheidend für eine angemessene Förderung der Selbstbestimmung ist das Menschenbild. Der Erfahrungsschatz von Seelsorge und theologische Erkenntnis können zu einem realistischen Bild beitragen.

Wir leben als Menschen nicht in absoluter Autonomie, sondern vom Anfang bis zum Ende des Lebens sind wir chronisch bedürftig und angewiesen. Dem werden Ansätze einer Ethik gerecht, die von »relationaler Autonomie«[26] sprechen, also einer solchen Selbstbestimmung, die sich zugleich immer auch angewiesen weiß. Erst die Annahme von Begrenztheit, Abhängigkeit und Endlichkeit eröffnet Leben. Der Mensch ist nicht frei, wenn er alles allein kann und von niemandem abhängig ist, sondern der »Mensch ist souverän, wenn er mit sich etwas geschehen lassen kann« (Böhme)[27].

3.3 Selbstverständnis der Menschen als Klient, Kundin, Subjekt, Heilige

Wie selbstständig, wie bedürftig, in welchem Verhältnis wir die Menschen in der Sozialen Arbeit sehen, spiegelt sich oft in deren Bezeichnung wieder: Adressat, Klientin, Kunde?[28] Welche Beziehung beinhalten die gängigen Varianten?

- »Adressat« klingt sachlich neutral, und damit auch nach unpersönlichem Gegenstand eines professionellen Verwaltungshandelns.
- »Bewohnerin« suggeriert ein ganz normales Lebensverhältnis.
- Bei »Klient« assoziieren wir ein therapeutisches Verhältnis.
- »Kunde« definiert ein »Marktverhältnis« und den Kauf von Dienstleistungen.
- »Patient« betont das Leiden, wird behandelt ohne eigene aktive Rolle.
- »Subjekt« spricht den Menschen als selbstbestimmt Handelnden an.
- »(sich) anvertrauende Menschen« – hatte ich als Bezeichnung bei Bethanien ergänzt, um Vertrauen als Grundlage von Selbstbestimmung in Abhängigkeit bewusst zu machen.

---

26 Angelika Walser, Im Spannungsfeld von Selbstbestimmung und Verantwortung. Die Autonomie von Frauen in bioethischen Konfliktfeldern, in: Reiner Anselm/Julia Inthorn/Lukas Kaelin/Ulrich H. J. Körtner (Hg.), Autonomie und Macht. Interdisziplinäre Perspektiven auf medizinethische Entscheidungen, Göttingen 2014, 32f.

27 Dietrich Rössler: »Vertrauen ist akzeptierte Abhängigkeit« (siehe Ulrich H.J. Körtner, Autonomie – Erziehung – Entfaltung, in: a.a.O., 17.

28 Siehe Wendt, a.a.O., 52ff.

Für die Suche nach einer förderlichen Beziehungsdefinition kann die christliche Tradition inspirieren, auch wenn die Begriffe heute übersetzt werden müssen.

a) Wenn biblisch von »Brüdern und Schwestern« gesprochen wird, die einander die Lasten tragen, wird damit allen derselbe Status zuerkannt, der Person, die hilft, und der Person, der geholfen wird. Außerdem werden beide in ein familiäres Verhältnis gesetzt mit einer gegenseitigen Verpflichtung zur Nothilfe ohne Aufrechnung.
b) Soziales Handeln wird in der sog. Weltgerichtsszene in Mt 25,40 von Jesus auf sich bezogen: *»Ich war hungrig und ihr habt mich gesättigt«... »Was ihr einem meiner geringsten Geschwister getan habt, das habt ihr mir getan.«* Damit werden Menschen, die Hilfe empfangen, stark aufgewertet. Sie werden zur Schlüsselperson für die Begegnung mit Christus. Die Begegnung mit dem Heiligen im Armen eröffnet eine spirituelle Quelle der Solidarität und des Teilens. Im Anblick des Nächsten Schwester oder Bruder zu sehen, ist schon die halbe Religion.

Fazit: Soziale Arbeit hat die Selbständigkeit des Menschen zum zentralen Ziel erhoben und damit auch der Diakonie zu ihren biblischen Ursprüngen geholfen.

Diakonie kann Sozialer Arbeit zu einem realistischen Bild der »abhängigen Autonomie« der sich anvertrauenden Menschen als »Geschwistern« helfen.

4. Welche Rolle und welches Berufsbild sind in Sozialer Arbeit und Diakonie förderlich?

4.1 Prägung des Berufsbildes – Professionsgeschichte

Die Professionsgeschichte der Sozialen Arbeit beginnt nicht im 19. Jahrhundert. Diakone und Diakoninnen waren zum Teil schon in den ersten Jahrhunderten n. Chr. Hauptamtliche – vermutlich neben dem Bischof i.d.R. die einzigen »Ordinierten«. Und es waren damals z.T. sogar

Frauen[29]! Je nach Größe des bischöflichen Sprengels und der Ausprägung der Arbeit waren sie »Vermögensverwalter« einer großen Armenkasse oder Leiter:innen einer Art »Selbsthilfeorganisation Suppenküche«. Der Weg von der ehrenamtlichen zur hauptamtlichen Diakonie begann schon sehr früh.

Eine kaum zu überschätzende Wirkungsgeschichte für das berufliche Selbstverständnis in der Sozialen Arbeit und Diakonie haben die Schwesternschaften, die ihr Leben den »Werken der Barmherzigkeit« gewidmet haben[30].

Sie haben nicht nur zahlreiche heute bestehende Einrichtungen und Diakoniewerke aufgebaut, sondern das Berufsbild mit allen ambivalenten Seiten geprägt: auf der einen Seite ganzheitliche Zuwendung und eigenständige Berufstätigkeit der Frau auf der anderen z.B. schlechte Bezahlung.

Die moderne Professionsentwicklung in der Sozialen Arbeit hat differenzierte Berufe geschaffen im Bereich der Kindererziehung und Jugendleitung zum Sozialpädagogen und in der Armenpflege, Wohlfahrtspflege hin zur Sozialarbeiterin - heute beide Teil der »Sozialen Arbeit«.

In dieser Professionsentwicklung sind wesentliche Fortschritte die Herausbildung und theoretische Begründung fachlicher Verfahren und Standards. Dazu gehört die Reflexion der asymmetrischen Beziehung zwischen Professionellen und anvertrauten Menschen sowie die Organisierung im Berufsverband, der Standards der Berufsethik aber auch der Vergütung aushandelt. Dies waren wichtige Korrektive gegenüber dem Bild der sich aufopfernden Schwester.

4.2 Rolle der »Sozialen« Helfer:in erweitern

Bei Einführungstagen für Mitarbeitende in der Diakonie war ich deshalb überrascht, wie leicht sich (auch kirchendistanzierte) Mitarbeitende für das Lebens- und Berufsmodell der Diakonisse begeistern können, ohne es für sich zu wählen.

Drei Beobachtungen zeigen m.E., dass bestimmte religiöse Prägungen auch Entwicklungschancen für ein attraktives Berufsbild bieten.

---

29 Siehe Röm 16,1: Phöbe, Diakonin der Gemeinde von Kenrchreä, und die separaten Bestimmungen für Diakoninnen in 1Tim 3,11.

30 Als Vorläuferinnen der Diakonissen sind u.a. die »Barmherzigen Schwestern« zu nennen, die schon im 17. Jahrhundert die Pflege zum Ausbildungsberuf entwickelten.

a) Im weiten Sinne spirituelle Motive genießen Attraktivität. Mitarbeitende wollen in existentieller Kommunikation mit anderen nicht nur physische und praktische Probleme bearbeiten, sondern – mit einem alten Bild ausgedrückt – die Herzen der Menschen erreichen. Im Bethesda KH Stuttgart gab es sogar eine förmliche Selbstverpflichtung der Mitarbeitenden, das ganzheitliche Erbe der Diakonissen weiterzuführen. In den Frankfurter Krankenhäusern haben wir ein »Würdiges Abschiednehmen vom Verstorbenen durch den Arzt in 3 Minuten« nach einem Konzept von Ruth Mareiki Smeding eingeführt.
b) Hingabe kann als Aufopfern missverstanden werden. Damit haben Menschen sich geschädigt und anvertraute Menschen in schädliche Abhängigkeit geführt. Persönliche Hingabe, mit der man Zeit, Kraft und Hoffnung teilt und aus der Hand gibt, ist jedoch weiterhin ein starkes Motiv für die Ausübung von sozialen Berufen[31].
c) Wenn Hingabe mit professioneller Umsicht gepaart ist, kann sie auch für die sich anvertrauenden Menschen einen positiven Effekt haben, weil sie Zuversicht und Selbstvertrauen übertragen und vermehren kann.
d) In den letzten Jahren wurde ich mehrfach zum Thema »Achtsamkeit« um Referat und Fortbildung gebeten. Viele Menschen in sozialen Berufen suchen nach einer Balance zwischen Nächstenliebe und Selbstliebe, um nicht auszubrennen. Möglicherweise ist jedoch betonte Selbstliebe gar kein so guter Ausgleich für die Belastungen der Nächstenliebe. Anerkennung und Annahme, die von außen kommen, stärken mehr als Selbstbestätigung. Vertrauen auf Gottes unbedingte Annahme kann zur Selbstliebe helfen. Und es kann die Nächstenliebe entlasten, wenn Gott sich um ungelöste Probleme kümmern muss und wir unsere Verantwortung begrenzen können[32].

4.3 Subjektwerdung in Selbsthilfegruppen und -netzwerken

So sehr Hauptamtliche der Sozialen Arbeit heute i.d.R. die Stärkung der Potentiale und Ressourcen und die Teilhabe der Menschen im Blick

---

[31] Ein »atheistischer« Pflegedirektor wollte unbedingt im diakonischen Krankenhaus tätig sein, weil ihn in seiner Kindheit Diakonissen mit ihrem Singen in der Station, in der sein Vater schwer krank lag, so beeindruckt hatten.

[32] Zu professioneller Haltung und Qualitäten siehe Wendt, a.a.O., 254ff.

haben, gelingt es Ehrenamtlichen und noch mehr selbst »Betroffenen« oft besser, Selbsthilfeinitiativen und -kräfte zu mobilisieren.

Gemeindenahe Diakonie hat hier besondere Chancen, weil Menschen mit unterschiedlichen Stärken und Einschränkungen gleichberechtigte Mitglieder sind. Ein paar Beispiele, die ich miterlebt habe: Alkoholabhängige aus der Gemeinde gründen ihre Selbsthilfegruppe. Das »Volk der Straße« (wie Obdachlose sich in Brasilien weit positiver selbst benennen) organisiert seine »Suppenküche« unter der Brücke in Sao Paulo selbst. Geflüchtete haben ihren 1986 in Reutlingen gegründeten Treffpunkt »Café International« selbst geleitet.

Empowerment kann in Kirchengemeinden einen guten Nährboden finden, wenn Kirchengemeinden ihre Milieugrenzen überwinden und Räume zur Verfügung stellen und wenn Soziale Arbeit ihre Hemmschwelle überwindet.

Fazit: Kirchliche Schwesternschaften waren prägend für das Berufsbild in aller Ambivalenz. Die »Sozialen« haben in kritischer Abgrenzung professionelle Standards entwickelt. Existenzielle Kommunikation, Hingabe, ehrenamtliche Selbsthilfe und Vision einer gerechten Welt sind als Erbe der Diakonie weiterzuentwickeln.

Damit sind wir auch schon bei meinem letzten Punkt:

5. Gibt es einen besonderen Beitrag der Diakonie für ein solidarisches Gemeinwesen?

Schauen wir noch einmal in die anfangs erwähnte Geschichte. Der barmherzige Samariter hatte den Verletzten nach Erstversorgung in eine Herberge gebracht und gepflegt. Am nächsten Tag gab er dem Wirt Geld, damit dieser den Verletzten weiter pflegt.

Dieser weniger bekannte Schlussteil der Geschichte kann uns Anregungen geben, wie Soziale Arbeit und Diakonie für ein solidarisches Gemeinwesen zusammenwirken können.

Die Verwirklichung der Barmherzigkeit erfolgt in der Geschichte nicht durch die offiziellen Vertreter und Rechtgläubigen, sondern zuerst durch einen aus ihrer Sicht sektiererischen Samariter und dann durch bezahlte Kräfte in der Herberge – woher auch immer diese kamen.

Kirche und Diakonie haben deutschlandweit 2018 die sogenannte »ACK-Klausel« in ihrem Arbeitsrecht aufgegeben. Diese besagte, dass nur Mitglieder einer christlichen Kirche in einer diakonischen Einrichtung arbeiten dürfen. Diese Klausel hielt lange die Fiktion aufrecht, dass eine Einrichtung automatisch »diakonisch« geprägt wäre, wenn die Mitarbeitenden Kirchenmitglieder sind. In den neuen Bundesländern kann keine größere Einrichtung allein mit den wenigen Kirchenmitgliedern betrieben werden. In den alten Bundesländern hat das Beharren auf formaler Mitgliedschaft die diakonische Prägung nicht gefördert. Im Gegenteil: jetzt machen sich viele Einrichtungen verstärkt Gedanken, was denn das »Diakonische« an ihnen ist. Wer kann und soll »diakonisch« sein, die Menschen oder die Institution?

5.1 Gibt es »diakonische« Menschen?

Mitglieder einer christlichen Kirche und Mitarbeitende einer diakonischen Einrichtung sind keine besseren Menschen. Das müssen wir uns durch Bibel oder Reformation immer wieder in Erinnerung rufen. »Wir sind die Guten!« dieser Ausspruch ist nicht nur unbedacht, sondern falsch und gefährlich.

Die grundlegende Erkenntnis der eigenen Verstrickung in das Böse bedeutet jedoch nicht, nichts Gutes tun zu können. Vielmehr glauben wir – besonders in methodistischer Tradition – durch Gottes Gnade nicht nur entlastet, sondern auch neu mit seiner Liebe erfüllt zu werden.

Die Diakoniewissenschaftlerin und heutige Bischöfin der EKKW, Beate Hoffmann, hat für die Diakonie den Begriff »Ankermenschen«[33] geprägt. Es gibt Menschen, die auf dem Weg der Barmherzigkeit und Gerechtigkeit gut verankert sind. Einrichtungen brauchen eine gewisse Zahl von Menschen, die eine Atmosphäre der Zuwendung und Kultur der Wertschätzung erhalten. »Bei Ihnen spürt man einen besonderen Geist!« solches Lob benennt etwas schwer Greifbares aber Bedeutendes. Es ist nicht der Geist, ein besserer Mensch zu sein, sondern der Geist der Versöhnung und der Hoffnung.

Diakoniegemeinschaften versuchen seit vielen Jahren Menschen auf ihrem Weg von Vertrauen, Liebe und Hoffnung zu stärken. Vielleicht können wir hier an der Hochschule eine junge Diakoniegemeinschaft

---

33 Beate Hofmann im Fachgespräch mit der Diakonie Rheinland-Westfalen-Lippe: Zwischen Vaterunser und Gebetsteppich (https://www.diakonie-rwl.de/themen/diakonische-identitaet/vielfalt-diakonie; abgerufen am 10.4.2023).

gründen, die Sie in Ihrem Engagement für eine solidarische Gesellschaft stärkt.

Wesentlich für die erfolgreiche Verwirklichung gerade auch des individuellen Engagements ist die inhaltliche Ausrichtung der Institutionen der Sozialen Arbeit und Diakonie, die »Einrichtungskultur«.

5.2 Was macht Einrichtungen oder Träger »diakonisch«?

Diakonische Identität oder diakonisches Profil

Diakonische Träger machen sich in den letzten Jahren verstärkt Gedanken, was denn die »diakonische Identität« oder das »diakonische Profil« einer diakonischen Einrichtung ausmacht. Sie legen besonderen Wert auf folgende Ziele, die z.T. schon in diesem Vortrag vorkamen – ich nenne nur Stichworte:

- Vertrauensbeziehungen zu sich anvertrauenden Menschen (keine Kunden)
- Ganzheitliche Wahrnehmung des Menschen – Raum und Zeit für existentielle Kommunikation und Spiritualität
- Leben in Vielfalt und Begrenzung annehmen
- nachhaltiger und gerechter Einsatz der Ressourcen (mit angemessenen Vergütungen und Orientierung am Gemeinwohl)
- Wertschätzung und transparente Beteiligung Aller – auch Ehrenamtlicher
- Dienende Leitung
- Theolog:innen in der Leitung[34]

Das sind fast alles Ziele, die auch von anderen Trägern geteilt werden und nicht exklusiv christlich sind[35]. Alle Träger haben ihre Prägung und Schwerpunkte und tun gut daran, ihre Überzeugung erkennbar zu machen und Mitarbeitende anzuleiten, diese zu leben.

---

34 Siehe Beate Hofmann/Barbara Montag (Hg.), Theologie für Diakonie-Unternehmen, Stuttgart 2018.

35 »Nicht die Differenz gegenüber Dritten ist das diakonisch maßgebliche Kriterium, sondern die Möglichkeit zur Umsetzung und Organisation der Arbeit nach eigenen ethischen Kriterien« in: Uwe Becker (Hg.): »Perspektiven der Diakonie im gesellschaftlichen Wandel. Eine Expertise im Auftrag des DW der EKD, Neukirchen 2011. S. 22f

Alle Kirchen haben eine sog. »Zuordnungsrichtlinie«, die etliche dieser genannten Ziele enthalten und auf die Einrichtungen sich verpflichten müssen, um zur Diakonie gehören zu dürfen. Das Gewicht der Verantwortung liegt nun bei der institutionellen Prägung. Deshalb sind diese Kriterien zu schärfen und anzuwenden.

DIENENDE LEITUNG

Ein Merkmal greife ich noch heraus, das Jesus als Stachel in jegliche diakonische und kirchliche Institution gelegt hat: Dienende Leitung.

> 25Er aber sprach zu ihnen: Die Könige herrschen über ihre Völker,
> und ihre Machthaber lassen sich Wohltäter nennen. 26Ihr aber nicht
> so! Sondern der Größte unter euch soll sein wie der Jüngste und der
> Vornehmste wie ein Diener. 27Denn wer ist größer: der zu Tisch sitzt
> oder der dient? Ist's nicht der, der zu Tisch sitzt? Ich aber bin unter euch
> wie ein Diener. (Lk 22, 25ff.)

Diakonie hat in der Nachfolge Jesu eine neue Gemeinschaft ohne Herrschaft zum Ziel. Das ist der Kern der viel beschworenen und leider auch missbrauchten »Dienstgemeinschaft«. Heute muss die Gewerkschaft Verdi manchmal soziale Gerechtigkeit, Flächentarifvertrag etc. gegen Diakonieverbände einfordern. Es ist bedauerlich, dass in der institutionellen Diakonie oft unpassende und manchmal auch überholte Managementmodelle und -werkzeuge verwendet werden.

Vielmehr sollte sie Vorbild sein darin, eine »Kultur der Herrschaft« in eine »Kultur der Solidarität« zu verwandeln.

5.3 GEMEINWESENARBEIT UND DIAKONISCHE KIRCHENGEMEINDE

Soziale Arbeit und Diakonie haben nicht nur Ziele des individuellen Wohlergehens und der Stärkung der Einzelnen in ihrer Selbstständigkeit und Entfaltung. Vielmehr versteht sich Soziale Arbeit als Menschenrechtsprofession, die sich präventiv für gesellschaftliche Verhältnisse, Strukturen und Gesetze einsetzt, die soziale Gerechtigkeit, Teilhabe und Inklusion der Vielfalt verwirklichen.

Armut in den verschiedenen Dimensionen, soziale Ausgrenzung und Unsicherheit werden als gesellschaftliche Situationen verstanden, die eine gesellschaftliche Antwort erfordern. Konsequent wird deshalb seit Jahrzehnten eine Lebenswelt-, Sozialraum-, bzw. Gemeinwesenorientierung der Sozialen Arbeit gefordert. Die Perspektive der Sozialen Arbeit als problemorientierte Einzelfallhilfe soll abgelöst werden durch eine soziale Gestaltung des Gemeinwesens insbesondere durch bürgerschaftliche Selbsthilfeinitiativen.

Parallel dazu ringt die Diakonie seit Jahrzehnten um eine Überwindung ihrer konzeptionellen Beschränkung auf die Abmilderung der individuellen Folgen sozialer Verwerfungen in separierten Einrichtungen. Wicherns Impuls von 1848 zu »christlichen Assoziationen der Hilfsbedürftigen selbst«[36] versandete völlig. Eugen Gerstenmaier versuchte als Leiter des Evang. Hilfswerks 1945 unter dem Titel »Wichern zwei«[37] mit einem Programm »Kirche in Aktion« erneut die Beschränkung auf Hilfe in »Problemfällen« in diakonischen Einrichtungen aufzubrechen. Leider wieder erfolglos. Theodor Strohm hat als Leiter des Diakoniewissenschaftlichen Instituts in Heidelberg mit »Wichern drei«[38] – 1998 einen neuen Impuls zur Gemeinwesendiakonie gesetzt. Für Inklusion in der Gesellschaft, für Teilhabe auch von Kindern oder alten Menschen ist die Beschränkung auf Einrichtungen und Einzelfallarbeit ungeeignet. Es bedarf einer Durchdringung der Gesellschaft mit einer »Kultur des Sozialen«.

Kirchengemeinden kommen dabei neu in den Blick, weil sie schon lokale Netzwerke sind und gemeinschaftliche Orte bieten. Sie können Menschen die Gestaltung des sozialen Zusammenlebens in ihrem Quartier erleichtern. Kirchengemeinden haben dabei den Vorzug einer immer noch relativ breiten Zusammensetzung – auch wenn wichtige Teilgruppen der Gesellschaft dort fehlen. Ein hervorragendes Beispiel ist »lebenswert«[39], eine Initiative der Kreuzkirchengemeinde hier in diesem Quartier in RT. Es hat sich mit Unterstützung aus Bürgerschaft und Stadt RT zu einem offenen Stadtteilnetzwerk für Menschen aller Religionen, Kulturen und jeden Alters entwickelt.

---

36 Johann Hinrich Wichern, Denkschrift an die deutsche Nation. Die innere Mission der deutschen evangelischen Kirche, 1849, SW I, 275.

37 Eugen Gerstenmaier, »Wichern Zwei«. Zum Verhältnis von Diakonie und Sozialpolitik (1953), in: Geschichte.Diakonie.Quellen II, 436ff.

38 Theodor Strohm, »Wichern drei«. Die neue Kultur des Sozialen, in: Zeitschrift für Evangelische Ethik 42 (1998), 171–175.

39 http://www.lebenswert-ringelbach.de/

Fazit: Diakonische Prägung lebt von Versöhnung und Hoffnung. Dieses Licht können Diakoniegemeinschaften stärken. Institutionen sind diakonisch, indem sie eine »Kultur der Herrschaft« in eine »Kultur der Solidarität« verwandeln. Kirchengemeinden sind potenzielle Knotenpunkte in einem solidarischen Gemeinwesen.

6. Ausblick: Das Zusammenspiel von Sozialer Arbeit und Diakonie für eine solidarische Gesellschaft

An den Schluss stelle ich thesenhaft meine Konsequenzen aus den Entdeckungen:

a) *Diakonie braucht Soziale Arbeit.* Sie kann ihren Auftrag für die Menschen nicht allein erfüllen, sondern nur in Aufnahme der wissenschaftlichen Standards, der breiten Erfahrung und religiösen Weite der Sozialen Arbeit. In Auseinandersetzung mit der Sozialen Arbeit kann Diakonie ihren Kern entfalten, bzw. wiederentdecken. Dazu gehören Leben in Freiheit und Angewiesenheit, Ehrenamtlichkeit und Selbsthilfe, Hingabe und dienende Leitung sowie die großen Visionen von Frieden und Gerechtigkeit.
b) *Soziale Arbeit braucht Diakonie.* Wenn sie ihre christlichen Wurzeln versteht, kann sie daraus positive Impulse aufnehmen. Für gemeinwesenorientierte Arrangements braucht sie mehr als spezialisierte Träger für differenzierte Angebote. Kirchengemeinden können (einschließlich ihrer Gemeindehäuser) wichtige Knotenpunkte eines solidarischen Netzes werden.
c) *Kommunen* sind auf die freien Träger, Kirche und Diakonie, angewiesen, um die »Kraft zur Solidarität« aufzubringen, die das Gemeinwesen verbinden.
d) Die *Kirchengemeinde der Zukunft* findet ihr »Kerngeschäft« in der *Diakonie*, im Öffnen der Türen, Teilen und Sich-Verschenken.

Soziale Arbeit und Diakonie sind miteinander verwoben in der Geschichte, in der Theorie und in der heutigen Praxis. Die jeweils andere Perspektive hilft, sich zu verstehen und seinen Auftrag besser zu erfüllen.

Ob es eine nicht-religiöse Übersetzung der Bilder der Hoffnung gibt, die genügend Kraft zu Solidarität und sozialem Handeln entwickelt?

Von Hoffnung lässt sich am besten singen. Zwei Lieder sind für mich für immer mit Reutlingen verbunden. Das eine nicht-christliche haben wir 1979 bei einem Gottesdienst mit 150 jungen ehrenamtlichen Gruppenleiter:innen hier in der Aula abgespielt - von Ton, Steine, Scherben. Die zweite Strophe lautet:

Ich hab' geträumt, der Krieg wär' vorbei
Du warst hier und wir war'n frei
Und die Morgensonne schien
Alle Türen waren offen, die Gefängnisse leer
Es gab keine Waffen und keine Kriege mehr
Das war das Paradies
Der Traum ist aus, der Traum ist aus.
Aber ich werde alles geben, dass er Wirklichkeit wird.[40]

Das andere Lied stammt von Barbara Cratzius. Der Chor des Gemeindebezirks Reutlingen hat es bei unserer kirchlichen Trauung im Jahr 1987 gesungen. Die erste Strophe lautet:

Wir träumen von dem gelobten Land und suchen die neue Stadt,
die keine Zerstörung und Kriege kennt, die Gott verheißen hat.
Du Herr unserer Träume und Ängste, sprich dein Wort: Fürchte dich nicht!

Ich freue mich auf viele weitere Entdeckungen im interdisziplinären Zusammen»spiel«

40 https://www.rioreiser.de/

Auf Gottes Zukunft vorbereiten

Antwort auf Matthias Kapp: Ein guter Hirte will ich sein[1]

Stefan Herb

Lieber Matthias, was gibt es Schöneres, aber auch Anspruchsvolleres, als ein guter Hirte sein zu wollen? Du hast Dein Plädoyer für den Guten Hirten mit viel Herzblut vorgetragen. Und Du hast es überzeugend getan. Um eine Kirche mit solchen Hirten muss einem nicht bange sein. Du nennst drei Gründe, warum Du Dich für das Hirtenleitbild stark machst. Ich füge noch einen weiteren hinzu, von dem ich vermute, dass er unausgesprochen für Dich eine nicht unwesentliche Rolle spielt. Du erwähnst das Gespräch zwischen Jesus und Petrus in Johannes 21. Es mündet in die wiederholte Aufforderung: »Weide meine Schafe«. Damit lässt sich begründen, dass Jesus sein Hirtesein auf seine Schüler:innen überträgt. Sie sollen seine Arbeit fortführen, selbstverständlich in seiner Manier, als gute Hirten! Das Bild des Hirten ist unvermeidlich, wenn es um den Beruf des Pastors, der Pastorin geht. Es ist zum Namensgeber des Berufs geworden. Biblisch ist das Hirtenbild breit bezeugt und erreicht seinen unüberbietbaren Höhepunkt in Psalm 23. Der Hirte, der dort gezeichnet wird, ist zur Norm geworden. Es ist der gute Hirte. Schlechte Hirten sind kaum mehr denkbar, obwohl sie in der Bibel durchaus Erwähnung finden[22]. Dieser Umstand wird sicher dadurch begünstigt, dass kein Geringerer als Jesus schließlich den guten Hirten für sich in Anspruch nimmt. Kann also ein Pastor, eine Pastorin sich etwas anderes vornehmen als ein guter Hirte, eine gute Hirtin zu sein? Das biblische Hirtenbild ist von einer erdrückenden Dominanz. Der Gute Hirte ist zeitlos, er taugt als Leitbild damals wie heute und auch noch in der Zukunft.

---

1 Matthias Kapp, Ein guter Hirte will ich sein, in: Theologie für die Praxis 42/2016, 77–90.

2 Ez 34; Joh 10,1.12.

Rührt vielleicht daher Dein Einspruch gegen die permanente Suche nach neuen Leitbildern für unseren Beruf? Fest steht jedenfalls, dass es andere Bilder daneben schwer haben. Und Hirten, zumal gute, sind in der Tat immer gefragt.

Du beklagst, dass in der Kundschaftergeschichte ausgerechnet dann, als man ihn gebraucht hätte, kein Hirte zur Stelle ist. Mose sei abgetaucht. Ich kann das nicht erkennen. Mose ist sehr wohl vorhanden, allerdings scheint er seine Autorität eingebüßt zu haben: Das Volk möchte einen neuen Anführer wählen. Um seine Position zu retten, entschließt sich Mose zu einem radikalen Schritt und pervertiert damit das Hirtenamt: er wirft sich, zusammen mit Aaron, vor seinem Volk nieder (Num 14,5). Thomas Staubli sieht in dieser Unterwerfungsgeste gar eine Verhöhnung Gottes, da das Volk dabei die Stelle Gottes einnimmt.[3] Auf der anderen Seite gerät diese Episode aber auch zu einer Lachnummer; nicht, weil der Hirte seiner Herde davonläuft, sie ihm aber trotzdem folgt und ihn damit zum Hirten wider Willen macht (so Friedrich Nietzsche, mit dessen nachgelassenem Fragment zur »HeerdenMoral« Du Deinen Beitrag einleitest), sondern weil sich der verhasste Hirte seiner Herde auf selbsterniedrigende Weise anbiedert. Mose wird so zum schlechten Hirten und beschädigt das Ansehen seines Amtes aufs Schwerste. Umgekehrt nehmen daraufhin Josua und Kaleb auf vorbildliche Weise die Hirtenrolle ein und versuchen, das Volk zum Vertrauen auf JHWH zu bewegen. Leider gelingt es ihnen nicht, die Menschen umzustimmen. Auch Hirten können scheitern. Weder so erfahrene wie Mose und Aaron noch Josua und Kaleb sind in der Lage, im entscheidenden Moment das in Panik geratene Volk auf die ›rechte Straße‹ zu führen. Das Unglück scheint nicht mehr aufzuhalten. Doch Mose gibt nicht auf. Trotz seines Misserfolgs steht JHWH zu ihm (Num 14,12). Dies ermutigt den gescheiterten Hirten, mit schwerwiegenden theologischen Argumenten (Num 14,13ff.) noch einmal für seine Herde einzustehen und um Vergebung für sie zu bitten. Und JHWH lässt sich überzeugen. Wo Menschen, wo Hirten ihre Autorität bei den ihnen Anvertrauten verlieren – aus welchen Gründen auch immer –, vor Gott gibt es keinen Gesichtsverlust. Er findet schließlich einen (nicht immer nur schmerzfreien) Weg, allen gerecht zu werden.

Es ist natürlich völlig richtig, dass es die Kundschafter sind, die die krisenhafte Situation heraufbeschwören, sie fallen mit ihren ver-

---

3 Thomas Staubli, Die Bücher Levitikus und Numeri, Stuttgart 1996, 253 (Neuer Stuttgarter Kommentar, Altes Testament 3).

wirrenden Expeditionsberichten Mose in den Rücken[4]. Und es kommt, wie's kommen muss: Die schlechten Nachrichten werden gehört, die guten unter den Teppich gekehrt. »Wirksam bleibt nicht das fromme Wort, sondern das Gerücht«, ist Dein Fazit. »Die Herde folgt dem Herdentrieb, sie lässt sich nicht mehr leiten ...«[5] Und damit sind wir bei Isolde Karle, die darauf hinweist, dass »psychische Systeme [...] sich durch Kommunikation zwar stimulieren und anregen, aber nicht steuern [lassen].«[6] Das ist in der Tat unsere tägliche Berufserfahrung. Und mir scheint, als ob diese Erfahrung für Dich ausreicht, um den Kundschaftern Führungskompetenz abzusprechen und die Hirtenrolle zu favorisieren. In Numeri 13f. haben aber sowohl Kundschafter als auch Hirten versagt. Der Einzige, der der Situation Herr geworden ist, war Gott selbst. So können wir noch einmal unvoreingenommen die Kundschafter in den Blick nehmen.

Zuvor aber noch ein kurzer Exkurs zu Isolde Karle. In ihrem Buch »Der Pfarrberuf als Profession« versucht sie, die Rahmenbedingungen zu erfassen, unter denen heute der Pfarrberuf ausgeübt werden muss, und Merkmale festzustellen, die ihn kennzeichnen. Ein sehr wichtiges und bedeutungsschweres ist das der »Überkomplexität«[7]. Der Pfarrer, die Pfarrerin begegnet jeder beruflichen Situation notwendigerweise defizitär. Weder sein/ihr Wissen noch seine/ihre Techniken reichen aus, um ihr umfassend gewachsen zu sein. Der Pfarrer, die Pfarrerin hat es stets mit Unverfügbarem zu tun. Besonders greifbar wird dies in der Predigtsituation: mit der Predigt eine gezielte Wirkung auszulösen ist schlicht nicht möglich. In diesem Kontext fällt dann der oben zitierte Satz: »Psychische Systeme lassen sich durch Kommunikation zwar stimulieren und anregen, aber nicht steuern.« Dies ist eine Realität, die akzeptiert werden muss. Karle empfiehlt, ihr gelassen zu begegnen und dem Wirken des Geistes zu vertrauen.[8]

---

4 Num 13,25–33.

5 Kapp, a.a.O., 82.

6 Isolde Karle, Der Pfarrberuf als Profession. Eine Berufstheorie im Kontext der modernen Gesellschaft, Gütersloh 2001, 2. Auflage, 204

7 A.a.O., 201ff.

8 A.a.O., 208.

Dieser Rat gilt insbesondere den Kundschafter:innen des Reiches Gottes. Sie machen einen guten Job, wie Du schreibst. Und sie erstatten begeistert Bericht von ihrer Erkundungsreise samt überzeugendem Anschauungsmaterial. Nun kommt es in der Tat darauf an, die Wirkung Gott zu überlassen und darauf zu hoffen, dass die Sehnsucht geweckt ist und Augen und Herzen für das Kommende geöffnet sind. Das sind Deine Worte, die treffender nicht sein könnten. In einer Zeit der weltweiten Krisen und der Unsicherheit sind nicht nur Hirten gefragt, sondern m. E. vor allem Kundschafter:innen, die bei den Menschen die Sehnsucht nach dem Reich Gottes wecken und sie empfänglich machen für das Kommende. Wir brauchen Pastor:innen, die im »Zeitalter der Lebensgefahr«[9] nicht nur ein Gefühl von Sicherheit vermitteln, sondern die Alternative des Reiches Gottes aufzeigen und zu einem Leben in Gottes Schalom verlocken. Kurz: Aufgabe der Kundschafter:innen ist es, auf Gottes Zukunft vorzubereiten. Dazu abschließend einige skizzenhafte Anmerkungen:

1. Vision

Kundschafter:innen werden von Gott ausgesandt, um das Reich Gottes zu erkunden mit dem Ziel, den ihnen Anvertrauten eine Vision vor Augen zu stellen, der sie folgen können.

Kundschafter:innen sind Verkündiger:innen des Evangeliums

Diese Vision ist vorgegeben. Sie findet sich in der Bibel. Darum sind Kundschafter:innen Bibelkundige und Interpret:innen der Schrift. Sie sind aber auch Prediger:innen des Evangeliums. Sprachen, Exegese und Homiletik gehören zu den Schwerpunkten ihrer Ausbildung.

Kundschafter:innen sind »Bürgen für morgen«

Mit ihrer Botschaft bezeugen Kundschafter:innen die Zukunft Gottes für die Welt. Sie stehen also für das, was noch kommt, sie spielen das Morgen Gottes ins Heute ein und spüren nicht nur Orte und Zeiten auf, in denen das Reich Gottes hier und jetzt schon aufscheint, sondern setzen darüber hinaus auch selbst und mit anderen Zeichen fürs Reich Gottes.

---

9 Diese Wendung geht auf Manfred Josuttis zurück, der 1987 ein Buch mit dem Titel »Der Kampf des Glaubens im Zeitlalter der Lebensgefahr« veröffentlicht hat.

2. Chancen

Entlastung als Basis

Kundschafter:innen weisen von sich weg und lenken den Blick auf das Reich Gottes:[10] Die Person tritt hinter ihrer Botschaft zurück und wird damit entlastet. Die Überforderung, die durch das Ineinanderfallen von Person und Amt (Werk) entsteht, wird gemindert.

Veränderung als Auftrag

Der grundsätzliche Auftrag der Kirche besteht laut VLO, Art. 120 darin, »Menschen zu Jüngern und Jüngerinnen Jesu Christi zu machen, um so die Welt zu verändern.« An diesem Auftrag partizipieren selbstverständlich auch Pastor:innen. Als Kundschafter:innen des Reiches Gottes destabilisieren sie den status quo und schaffen auf diese Weise die Voraussetzung für reale Veränderungen.

3. Risiken

Die ›Anfälligkeit‹ von Teamarbeit

Künftig wird Teamarbeit unter Hauptamtlichen der Normalfall sein. Konstruktive Teamarbeit wird sich nicht automatisch einstellen. Bereits in der Ausbildung muss daher im Blick sein, dass Pastor:innen (und andere Professionen) im Kollektiv arbeiten. Dass Teamarbeit problematisch sein kann, zeigt schon die Kundschaftergeschichte (Num 13,25ff.): Die Kundschafter treten bei ihrer Berichterstattung nicht mit einer Stimme auf, sondern haben unterschiedliche Wahrnehmungen und Interpretationen und streuen Gerüchte. Dies führt zur allgemeinen Verwirrung. Vorherige Abstimmung untereinander ist notwendig. Das Leitungskollektiv einer Gemeinde, eines Bezirks oder eines Verbunds braucht viel Aufmerksamkeit, Absprachen und Begleitung. Als ›geistliches Kollektiv‹ benötigt das Team – ohne interne Unterschiede zu verwischen – ein Konzept von Einmütigkeit.

---

10 Kapp, a.a.O., 82.

Unverfügbarkeit
Wie oben bereits angedeutet, haben es Kundschafter:innen immer mit Unverfügbarem zu tun, sowohl, was die Dynamiken in Kirche und Gemeinde als sozialen Systemen, als auch, was die Wirkungen des Geistes Gottes betrifft. Unverfügbarkeit ist jedoch ein Risiko, das in jedem Fall ein belebendes Element darstellt und zu einer unverzichtbaren Ressource wird, wenn unvorhergesehene Entwicklungen entweder als Korrektiv verstanden oder als Motor in eine verheißungsvolle Zukunft genutzt werden.

4. Auf Gottes Zukunft vorbereiten

Mit dem Auftreten Jesu ist das Reich Gottes bereits angebrochen. Es ist also nicht gänzlich unbekannt und fremd. Doch existiert es vorerst nur zeichenhaft und/oder in Bildern. Kundschafter:innen, die andere auf Gottes Zukunft vorbereiten, bewegen sich auf der Grenze zwischen Heute und Morgen, sie sind Pionier:innen, wagen Vertrauen und stiften Hoffnung. Eine schöne Zusammenfassung dieser Haltung bietet die dritte Strophe des bekannten Liedes von Klaus-Peter Hertzsch: »Vertraut den neuen Wegen, / auf die uns Gott gesandt. / Er selbst kommt uns entgegen. / Die Zukunft ist sein Land. / Wer aufbricht, der kann hoffen / in Zeit und Ewigkeit. / Die Tore stehen offen. / Das Land ist hell und weit.«[11]

Lieber Matthias, mit neugierigem Interesse, überwiegender Zustimmung und großem Respekt habe ich Deinen Beitrag zum guten Hirten gelesen. Dir liegt das Hirtesein, schreibst Du. Darum folge Deiner Berufung und sei, was Du bist. Und was mich betrifft: Ich bin nicht Kundschafter ›von Haus aus‹. Mir hat sich dieses Leitbild in unserer heutigen Zeit und Welt aber aufgedrängt. Ausgangspunkt war die aufkommende Krisenstimmung in unserer Kirche und die Angst, dass uns der Atem ausgehen könnte. War das nicht auch die Situation bei der Wüstenwanderung des Gottesvolkes nach dem Exodus? Das sprichwörtliche Murren des Volkes, seine Unzufriedeneit machte selbst vor dem Führungstrio nicht Halt: Mirjam und Aaron hetzten gegen Mose (Num 12,1). Das Auseinanderbrechen des Trios konnte gerade noch verhindert werden, doch die Krise war da. Genau zu diesem Zeitpunkt veranlasste Gott Mose, Kundschafter

---

[11] Gesangbuch der Evangelisch-methodistischen Kirche, Stuttgart u. a. 2002, Nr. 387.

loszuschicken, um das Land Kanaan zu erkunden. Der Blick zurück zu den Fleischtöpfen Ägyptens sollte dem Blick nach vorn weichen, hin auf ein lockendes Ziel. Diese Aussicht würde der Krisenstimmung trotzen und das Gottesvolk wieder in Bewegung setzen. Einen solchen folgenreichen Blickwechsel wünschte ich mir auch für uns. Und neben guten Hirten hoffe ich auf Kundschafter:innen, die uns mit ihrer Botschaft aus der Resignation führen und auf Gottes Zukunft vorbereiten.

In dieser Hoffnung grüße ich Dich herzlich,
Dein Stefan

Rezensionen

Peter Müller: Kolosserbrief. Kritisch-exegetischer Kommentar über das Neue Testament, Band 9,2, 440 Seiten mit 10 Abb.,Vandenhoeck & Ruprecht, Göttingen 2022, ISBN 978-3-525-57333-4, 110,00€.

Peter Müller, Professor emeritus für Biblische Theologie und ihre Didaktik an der Pädagogischen Hochschule in Karlsruhe, hat für Meyers Kritisch-exegetischen Kommentar den Kolosserbrief neu kommentiert, nachdem die letzte Ausgabe von Eduard Lohse in den 70ern des letzten Jahrhunderts besorgt worden ist. Müllers Kommentar zeichnet sich auf verschiedenen Ebenen aus durch eine immense Detailarbeit, sei es etwa in der Verarbeitung der Literatur, der Einzelauslegung oder den theologisch-historischen Einleitungs- und Interpretationsfragen. Er ist dicht und anspruchsvoll geschrieben, wie man das auch sonst von der Reihe gewohnt ist – sicher kein Kommentar für die flüchtige Lektüre, aber eine Schatzgrube für geduldige Leser und Leserinnen.

Der Kommentar ist in drei Teile geteilt: Nach einem sehr ausführlichen Quellen- und Literaturverzeichnis (11–50) folgt als erster Teil eine Einführung (51–117), womit ein ausführlicher Durchgang durch sämtliche Fragen der Entstehungsgeschichte gemeint ist. Müller analysiert unter anderem Personen (Paulus, Timotheus, Epaphras, Adressaten und Gegenspieler), Sinnlinien (Christus, Gott, Dank, All-Aussagen etc.) und Hintergründe (Orte, religiöse Umwelt, Kosmologie, Anspielungen ans Alte Testament etc.), und dies alles in einer erstaunlichen Informationsdichte.

Aufgrund dieser Einführung versteht es der Autor, die Einzelauslegung des Briefes im zweiten Teil immer wieder auf den historisch-sozial-religiösen Zusammenhang der Zeit zu fokussieren. Weil er sich nicht auf einen konkreten Briefautor festlegen will (die zu Beginn aufgestellte Arbeitshypothese, dass der Brief nicht von Paulus, aber einer dem Apostel zumindest theologisch sehr nahestehenden Person stammt, wird im Verlauf des Kommentars erhärtet), weitet sich der Fokus automatisch auf ein größeres Umfeld. Dies wird besonders deutlich im Zusammenhang mit den vielen All-Aussagen des Briefes, die gerne und oft auch überzeugend vor dem Hintergrund antiker Philosophie und Kosmologie gelesen und interpretiert werden. So entsteht eine sich durch den ganzen Brief ziehende Lektüre, die das Schreiben an die Kolosser als

Weiterführung paulinischer Theologie versteht: Dessen christologischer Ansatz wird kosmologisch (und ekklesiologisch) erweitert und so in Beziehung zu zeitgenössisch-philosophischen Strömungen gesetzt. Ob diese Erweiterung gesucht wurde, um damit das Umfeld der Adressatengemeinde anzusprechen, oder ob eine Erweiterung notwendig wurde, weil die Gemeinde von Anfragen oder Strömungen aus ihrem Umfeld verunsichert wurde, muss offenbleiben, da über die genauen Umstände der Abfassung zu wenig bekannt ist (was nach Müller auch für die Auseinandersetzung mit den Gegenspielern in Kapitel 2 gilt).

Den dritten Teil bildet schließlich eine ausführliche, systematische Zusammenfassung der Resultate (365–432), in der auch die Arbeitshypothese der Verfasserschaft und der Entstehungsverhältnisse abschließend beantwortet und bestätigt werden. Den Schlussstrich zieht Müller mit Aspekten zur Auslegungsgeschichte (z. B. zur Allversöhnung, dem Dienst der Engel oder den Haustafeln). Diese Zusammenfassung bildet ein willkommenes Pendant zur Einführung und zieht das historische Interesse der Arbeit über die Entstehungszeit in die Kirchen- und Theologiegeschichte weiter.

Peter Müllers Werk ist zweifellos eine Wegmarke der Forschungsgeschichte und wird für die kommende Generation der Forschenden unverzichtbar sein. Die Detailfülle und die Themenbreite verleihen dem Kommentar geradezu den Charakter einer Monografie. Ob er sich aufgrund seiner Komplexität und seines streng wissenschaftlichen Fokus auch für die praktische Arbeit in der Gemeinde eignet, muss m. E. jedoch fraglich bleiben.

Christoph Schluep

Daniel Marguerat: Die Apostelgeschichte. Kritisch-exegetischer Kommentar über das Neue Testament, Band 3, 868 Seiten mit 5 Karten und 18 Tab., Vandenhoeck & Ruprecht, Göttingen 2022, ISBN: 978-3-525-56045-7, 140,00 €.

Daniel Marguerat, geboren 1943 und seit 2008 emeritierter Professor für Neues Testament an der Universität Lausanne in der Schweiz, hat sein Alterswerk vorgelegt: den Band zur Apostelgeschichte der Reihe KEK, zuerst auf Französisch und nun auch in deutscher Übersetzung. Mit fast 900 Seiten ein opus magnum, dankbarerweise in einem Band erschienen und trotz des Umfangs doch handlich und kurzweilig in der Lektüre.

Gleich zu Beginn (7) stellt der Autor fest, dass »das Aufspüren der vom Verfasser [d. h. Lukas] benutzten literarischen Quellen in den meisten Fällen misslingt«, und gibt damit die Gangart des Kommentars vor: Ziel ist nicht die literarkritische oder redaktionsgeschichtliche Analyse des Textes, die seine Entstehung klären sollen, sondern die narratologische Interpretation des Werkes als einer interpretativen Darstellung des Geschehenen. Marguerat schreibt Lukas, den er im Übrigen nicht mit dem aus der kirchlichen Tradition bekannten Arzt und Paulusschüler gleichsetzt, eine so hohe erzählerische Kompetenz zu, dass eine Rekonstruktion seiner Quellen aufgrund der kongenialen Verarbeitung unmöglich wird. Es gilt darum, der Erzählkunst und der innerbiblischen Vernetzung volles Augenmerk zuzuwenden.

Entsprechend fällt die Einleitung kurz und knapp aus (29–54), behandelt aber sämtliche Fragen, die von Bedeutung sind. Auf den Punkt gebracht interpretiert Marguerat die Apostelgeschichte als »Ursprungserzählung« (42), die einer religiösen Bewegung Identität stiften soll, indem sie ihre Entstehung geschichtlich und theologisch deutet. Die Kirche wird als Teil der Geschichte Jesu verstanden, dessen Geschichte wiederum Teil der Geschichte des Volkes Israel ist. So bestimmt Marguerat das theologische Ansinnen der Apostelgeschichte letztlich als Klärung des Verhältnisses zwischen Kirche und Synagoge, welches zur Zeit der Abfassung zerrüttet, wenn nicht sogar schon zerstört ist.

Den größten Raum nimmt die Auslegung des Textes ein, welche dem Autor über weite Strecken meisterhaft gelingt. Weil er fast vollständig auf historische Analysen und Quellenzuschreibungen verzichtet, widmet er sich umso mehr der Erzählung als solcher, und man gewinnt mit fortschreitender Lektüre den Eindruck, Marguerat lasse sich von Lukas inspirieren, selbst spannend und verständlich zu schreiben, mit großem

Respekt vor dem Text, ohne damit aber unkritisch zu werden. Diese Kombination – Spannung und Kritik – ist in der Kommentarliteratur eher selten zu finden. Sie wird vollendet durch zahlreiche Exkurse, die gewichtige Themen prägnant erörtern und damit den Kommentar zum Text entlasten. So werden das Pfingstfest, der Heilige Geist, die Historizität der Gütergemeinschaft oder die Frage, ob Lukas die Paulusbriefe kannte (eher nicht, weil er primär biografisch und nicht theologisch am Apostel interessiert war) und vieles andere mehr diskutiert und in der Regel gut ausgewogen beantwortet.

Eine weitere Konsequenz der Konzentration auf die Erzählung ist die Betonung der Intertextualität, also der Einbettung der Apostelgeschichte in die biblische Tradition. Altes Testament, Evangelien, Paulusbriefe werden allesamt zurate gezogen, wenn es darum geht, Motive, Themen und theologische Auseinandersetzungen zu erklären und zu deuten. Damit gewinnt der Kommentar eine außerordentlich dichte Vernetzung mit dem biblischen Kanon respektive dem, was davon zur Zeit der Abfassung der Apostelgeschichte mutmaßlich vorhanden war. Diese drei Merkmale: flüssig-verständliche Lektüre, kurz-prägnante Exkurse und dichte Vernetzung mit der biblischen Tradition, führen dazu, dass sich Marguerats Werk nicht nur wissenschaftlich bewährt, sondern auch für die praktisch-kirchliche Verwendung zu empfehlen ist.

Und so wird ein sehr dickes, theologisches Buch zu einem derart erfreulichen Leseerlebnis, dass man den Band nicht nur dann zur Hand nimmt, wenn man gerade an einer konkreten Stelle innerhalb der Apostelgeschichte arbeitet, sondern auch dann, wenn man einfach noch etwas mehr wissen möchte und – man wagt es im wissenschaftlichen Zusammenhang fast nicht auszusprechen – man kompetent und gut unterhalten werden will!

Christoph Schluep

Thomas Söding: Das Evangelium nach Markus. Theologischer Handkommentar zum Neuen Testament, Band 2, 469 Seiten, Evangelische Verlagsanstalt, Leipzig 2022, ISBN: 978-3-374-05347-6, 39,00 €.

Thomas Söding ist ein Vielpublizierer, wie er im Buche steht. Seit mehr als drei Jahrzehnten erscheinen regelmässig Bücher aus der Feder des katholischen Neutestamentlers aus Bochum, 2022 ist es der lange erwartete Markuskommentar in der Leipziger Reihe. Wie immer bei Söding ist auch dieses Werk knapp gehalten (gut 450, großzügig gestaltete Seiten) und in einer ansprechenden, genauen, aber trotzdem verständlichen Sprache verfasst. Der Autor hat es nicht nötig, das, was er zu sagen hat, um der Wirkung willen zu komplizieren. Ein erstes, positives Merkmal. Ein zweites ist der wohldosierte Einsatz von Fußnoten, in denen Söding die Geschichte und Auseinandersetzung mit der Forschung platziert. Es käme niemandem in den Sinn zu bezweifeln, dass der Autor alles gelesen und verarbeitet hat, was an Wesentlichem zum Markusevangelium geschrieben wurde, auch wenn die Anmerkungen bewusst zurückhaltend gesetzt werden. Das steigert den Lesefluss und macht den Kommentar übersichtlicher.

Drittens bringt Söding auf den Punkt, was er zu sagen hat. Die Einleitung gestaltet sich kurz und bündig und umgeht die historischen Klippen der allzu intensiven Spekulationen. Wichtiger als die ultimative Letztbegründung, wer nun dieser Markus gewesen sei, ist die Frage, was er will und wie er dieses Ziel erreicht. Söding ist Hermeneut, er liest auch zwischen den Zeilen. So weist er etwa auf die Spannung zwischen Macht und Ohnmacht, wie sie sich in der Erzählung der Wunder- *und* der Passionsgeschichte widerspiegelt, und er betont den hermeneutischen Ausgangspunkt des Evangelisten, wenn er feststellt, dass Markus »sein Buch in dem Glauben an das Evangelium, den Jesus fordert« schreibe (S. 5). Es gelte stets, die Jesusgeschichte narrativ als Erzählung zu verstehen, der man bis ans Ende folgen muss, wenn man sie verstehen will (S. 16f.). Auch wenn Markus auf vielerlei Quellen zurückgreift, so ist er trotzdem kein Historiker – sein Werk »ist eine Schule des Glaubens« (ebd.). Damit ist die Gangart des Kommentars vorgegeben: So wichtig Söding die Textanalyse und die Motivgeschichte ist, so sehr fokussiert er letztlich auf das, was die Geschichte den Leser:innen zu sagen hat, und damit eben auch uns Heutigen. In der Begrifflichkeit Bultmanns: Das Kerygma kommt als ansprechendes Wort zur Sprache.

Viertens verzichtet Söding bewusst auf lange Traditionsrückführungen im Sinne der diachronen Analyse, sondern setzt diese bewusst kurz und knapp jeweils ans Ende einer Texteinheit. Der Autor legt offen, dass er die Frage der Textwerdung nicht übergeht, sie aber nicht in den Vordergrund stellen will, weil sie ihm oft zu spekulativ ist. Die Hauptarbeit und damit das Augenmerk gilt dem Text, wie er sich uns heute präsentiert, der synchronen Ebene also. Diese hermeneutische Grundentscheidung mag konservative Textanalytiker kaum überzeugen, wird aber mit Dankbarkeit von denen entgegengenommen, die praktisch mit den Texten zu arbeiten haben und ihre kanonische Gestalt schätzen und respektieren.

Das ist schließlich das fünfte Stichwort: Der respektvolle Umgang des Autors mit Text und Theologie des ersten Evangeliums, der nicht eine Unmenge an Wissen an den Tag legt, sondern zu einer Menge von Einsichten führt, die letztlich nicht nur die Arbeit des Markus betreffen, sondern eben auch die Arbeit seines Wortes am Leser, an der Leserin selbst. Man hat nie den Eindruck, Söding möchte sich mit diesem Kommentar in Szene setzen und die Lesenden beeindrucken. Es scheint, als habe er die ethische Lebensregel des Evangeliums konkret umgesetzt: *Wer der erste sein will, sei aller Diener (Mk 9,35).*

Braucht es noch ein Fazit? Wer sich für bloße 39 € ein solches Buch entgehen lässt, wird bestraft von einem Leben ohne ein solches Buch. Ich wünsche dem Kommentar, ein Standardwerk wissenschaftlicher und kirchlicher Arbeit zu werden. Für mich ist er es bereits.

Christoph Schluep

Autorenverzeichnis

T.W. Burton Edwards
Pfarrer der Evangelisch-Lutherischen Kirche in Columbus, Georgia (USA)

Prof. Dr. Lothar Elsner
Professor für Diakoniewissenschaften an der Theologischen Hochschule Reutlingen

Stefan Herb
Pastor i. R. der Evangelisch-methodistischen Kirche

Prof. Dr. Clive Marsh
Direktor der Queen‘s Stiftung für ökumenische theologische Ausbildung in Birmingham, Großbritannien

Dr. Tanja Martin
Gemeindepfarrerin in Bosenheim, Biebelsheim, Ippesheim und Planig, Evangelische Kirche in Hessen und Nassau

Prof. Dr. Christoph Schluep
Professor für Neues Testament an der Theologischen Hochschule Reutlingen

Prof. Dr. Ulrike Schuler
Professorin emer. für Kirchengeschichte, Ökumenik und Methodismus an der Theologischen Hochschule Reutlingen

Stefan Weller
Spital- und Gemeindepfarrer der Evangelisch-methodistischen Kirche
in Bethesda Basel, Schweiz